No ar: **PRK-30!**

Paulo Perdigão

No ar: PRK-30!

O mais famoso programa de humor da era do rádio

Casa da Palavra

Todas as imagens empregadas nesta edição foram cedidas pela família de Lauro Borges, à exceção das fotografias de Pinto Filho (pág. 65), cedida pela Funarte; do Edifício A Noite (pág. 68), cedida pelo Arquivo Nacional e do auditório da Rádio Nacional (pág. 69), cedida pelo Arquivo Geral da Cidade.

Este livro foi revisado segundo o Novo Acordo Ortográfico da língua portuguesa.

Direção editorial
Martha Ribas

Editora
Anna Buarque

Produção editorial
Mônica Surrage

Produção gráfica
Meyrele Torres

Revisão
Ana Letícia Leal
Beth Cobra

Capa
Retina 78

Pesquisa iconográfica
Michelle Strzoda

Reprodução fotográfica
Jaime Acioly

Diagramação
Filigrana

CIP-BRASIL. CATALOGAÇÃO-NA-FONTE
SINDICATO NACIONAL DOS EDITORES DE LIVROS, RJ

Perdigão, Paulo
No ar: PRK-30! O mais famoso programa de humor da era do rádio / Paulo Perdigão.— Rio de Janeiro : Casa da Palavra, 2003.
208 p., il., 16 x 23 cm.
ISBN 9788577342006
1. Barbosa, Castro 2. Borges, Lauro. II. Título
CDD 791.445

Casa da Palavra Produção Editorial
Av. Calógeras, 6, sala 1.001, Centro
Rio de Janeiro RJ 20030-070
21.2222-3167 21.2224-7461
divulga@casadapalavra.com.br
www.casadapalavra.com.br

Para MARCIA

Agradeço a

D. Maria Luiza Machado Sáes (*in memoriam*) e Vera Regina Sáes, mulher e filha de Lauro Borges, que me proporcionaram livre acesso aos arquivos particulares do comediógrafo, indispensáveis às pesquisas do texto, e Ney Murce, pela complementação na feitura dos CDs com material cedido do arquivo Renato Murce. Também a Abel Cardoso Júnior, Antônio Sérgio Ribeiro e Jairo Severiano, pelas informações discográficas, e a Alvaro Gilberto Ramos Lima, Antonio Zimmerle, Eduardo Miranda Barros, João Máximo, Luiz Carlos Saroldi, Michel do Espírito Santo (*in memoriam*) e Venílton Santos, por colaborações diversas.

"Cavaleiros e cavaleiras de ambos os sexos, muito boa-tarde. Acaba de subir pro ar a sua *PRK-30*, falando diretamente do segundo andar do Edifício Espícler, enquanto não anunciam a construção do primeiro andar. É por isso que anunciamos sempre: *NO AR, PRK-30!*"

LAURO BORGES

OLHO MÁGICO, HUMOR MÁGICO

J. B. de Oliveira Sobrinho (Boni)

Ainda criança, fui com meu padastro comprar um aparelho de rádio novo, um rádio revolucionário que tinha um "olho mágico" para indicar se a sintonia estava perfeita. Objetivo: ouvir melhor a PRK-30, *que era o programa favorito da família e imperdível para todos nós. Em 1957 entrei para Lintas Publicidade, agência da Lever, patrocinadora da* PRK-30. *Minha primeira missão era redigir comerciais para o sabonete Lever, Rinso e Pasta Lever que tivessem humor e que pudessem ser encaixados na* PRK-30, *como se fossem parte do programa. Escrevi alguns textos e submeti ao meu chefe Rodolfo Lima Martensen, que imediatamente os aprovou, ao mesmo tempo que me lançava um desafio:*

— Agora você vai ao Lauro Borges e ao Castro Barbosa e os convença a aceitar e interpretar os textos.

Eu não os conhecia pessoalmente e não sabia como eles reagiriam. Mesmo assustado, fui à luta. Apresentei-me em nome da agência e coloquei o pleito. Lauro Borges, de forma simpática e educada, me disse:

— Olha, isso é quase impossível! Nunca fizemos isso!

Eu insisti para que ele desse uma olhada e me atrevi a argumentar que os textos tinham o espírito da PRK-30. *Os dois pediram um tempo, trancaram-se na sala de ensaio da rádio e voltaram com a decisão:*

— Ok, nós topamos. Está muito engraçado mesmo. Só que todas as semanas queremos aprovar os textos.

Eu suspirei aliviado e daí para a frente nasceu uma enorme amizade entre nós. Viajamos juntos fazendo a PRK-30 *ao vivo em todo o Brasil. Eu ia na frente e preparava a produção. Passamos a ter uma convivência tão grande que nunca mais foi necessário submeter a eles o texto da propaganda. Sempre, depois que a* PRK-30 *saía do ar, íamos jantar e tomar chope, brincando de ver quem aguentava mais tempo sem fazer pipi. Eu ganhava sempre, o que me valeu o apelido de Caixa d´água.*

O Lauro era um eterno brincalhão. Quando entrava num restaurante, sentava à mesa e dizia para o garçom:

— Quer me chupar os nabos, por favor?

E os garçons, atônitos, perguntavam:

— O que o senhor disse?

E ele dizia:

— Guardanapos, por favor.

Um dia, no Hotel da Bahia, ele repetiu a brincadeira:

— Quer me chupar os nabos, por favor?

E, para surpresa do Lauro, o garçom respondeu:

— Chupo sim senhor. O senhor é o Lauro Borges, e eu o considero o maior humorista do Brasil. Para homenageá-lo, eu faço qualquer coisa.

Pela primeira vez na minha vida eu vi o Lauro Borges sem graça.

Outra vez, fomos a Porto Alegre, fazer um show no auditório Araújo Vianna, e entramos, Lauro, Castro e eu, em um barbeiro. Enquanto Castro e eu cortávamos o cabelo, Lauro Borges fazia a barba. De repente, intempestivamente, ele tirou a toalha e mandou para o barbeiro:

— Para! Para! Não vê que a minha barba está crescendo???

O pobre barbeiro parou e humildemente perguntou:

— Crescendo como, dr. Lauro???

E o Lauro:

— A tua navalha está sem fio. Em vez de cortar, está puxando a minha barba para fora!

Lauro Borges tinha também um olho clínico. Em Botucatu, ao ouvir um locutor da PRF-8, *não se conteve, foi até a emissora e disse ao jovem radialista que ele deveria ir para o Rio ou São Paulo. O rapaz era simplesmente o Jorge Adib, mais tarde Jorge Luiz, uma das melhores vozes da Rádio São Paulo. Jorge foi depois criador da Apoio, a área de* merchandising *da Rede Globo e foi também responsável pela aquisição de filmes selecionados pelo Paulo Perdigão – meu grande amigo e guru cinematográfico – autor deste livro.*

Nas andanças com Lauro Borges e Castro Barbosa, tive a oportunidade de conhecer duas criaturas maravilhosas. Na casa do Lauro e do Castro, testemunhei o trabalho de dois gênios do humor, um humor limpo, ingênuo e mágico. Por isso é emocionante ler o relato do Paulo Perdigão e rever momentos da PRK-30, *sobretudo porque este livro é um justo reconhecimento aos mais importantes humoristas de toda a história do rádio brasileiro.*

Ass.: Boni (Caixa d'água)

SUMÁRIO

Os asteriscos (*) indicam notas de rodapé complementárias ao texto. As notas numeradas referem-se exclusivamente às fontes bibliográficas, reunidas no final de cada capítulo correspondente.

INTRODUÇÃO

Lauro Borges e Castro Barbosa ensaiam a PRK-30: *por detrás da aparente anarquia, uma rigorosa disciplina levada muito à sério na constituição do humor.*

LAURO BORGES (1901-1967) E CASTRO BARBOSA (1909-1975) formaram, no consenso geral, a mais famosa e bem-sucedida dupla de humoristas da era do rádio no Brasil. O programa criado e escrito por Lauro, *PRK-30*, por ele e Castro interpretado, é tido pelos conhecedores como insuperável no gênero. Fez tanto sucesso que permaneceu nada menos que vinte anos no ar, de 1944 a 1964, por mais de 800 representações em diversas emissoras do país, sempre batendo recordes de audiência e conquistando entusiásticos elogios da crítica, além de exercer vasta influência sobre toda uma geração de comediantes brasileiros. Esta monografia, que não se pretende exaustiva, busca atenuar a escassez de referências bibliográficas a respeito, curta que é a memória nacional. Embora possa trazer de volta aos que viveram os anos 1940 e 50 uma alegre e saudosa lembrança, o propósito principal da pesquisa é revelar para as novas gerações, que talvez sequer tenham ouvido falar em *PRK-30*, a modernidade, a importância e a arte de vanguarda desse que Renato Murce classificou como "o melhor programa de humor que o rádio já transmitiu." [1]

Não podia haver definição mais autorizada. Renato Murce (1900-1987), com meio século dedicado à radiodifusão, foi diretor artístico das rádios Transmissora, Tupi, Club do Brasil e Nacional, produtor, ator e criador de programas de grande sucesso como *Horas do Outro Mundo, Alma do Sertão, Piadas do Manduca, Papel Carbono* e *Um Milhão de Melodias*. Chamado pelos amigos de "Ziegfeld dos pobres", por ter promovido ao estrelato mais de cem artistas, entre cantores, intérpretes, músicos e humoristas, Murce foi o principal incentivador das carreiras de Lauro Borges e Castro Barbosa. Dizia-se "fã incondicional" de Lauro, "o maior humorista que conheci em toda a história da radiofonia, com sua arte incomparável". Partiu dele, já no início dos anos 1970, a iniciativa de preservar a memória da *PRK-30* lançando no mercado gravações do programa, que se mostrou, pela repercussão obtida, imune à passagem do tempo, como ainda o é até hoje.

Parodiando todos os tipos de atrações (noticiários, novelas, calouros, musicais etc.) que os ouvintes estavam acostumados a ouvir a sério pelos receptores, nessa época em que o campo das comunicações não havia sido dominado pela televisão,* *PRK-30* era um programa semanal de meia hora no qual Lauro e Castro imitavam à perfeição vozes de inúmeros personagens, e apresentava-se como se fosse uma estação de rádio "clandestina" dentro da rádio (ou "nossa estaçãozinha auxiliar"), como já indica seu próprio título (*PRK-30* é o prefixo da suposta emissora). Além dos desempenhos memoráveis que chegaram a "corporificar" figuras imaginárias cuja graça passou a fazer parte dos hábitos de uma vasta audiência em todos os quadrantes do país e que eram acolhidas pelos ouvintes como velhos amigos (os locutores "Otelo Trigueiro" e "Megatério Nababo d'Alicerce", a fadista "Maria Joaquina Dobradiça da Porta Baixa" etc.), *PRK-30* sempre foi reverenciada pela categoria de seu humor inocente, desprovido de qualquer cinismo ou sarcasmo, e por sua imersão no mais desvairado *nonsense*, a começar pelo total desrespeito às normas linguísticas. Era modernista e surreal, mas sem o engajamento político e satírico de outros marcos da comicidade nacional, como *O Malho* (1902), *Careta* (1908), *História do Brasil Pelo Método Confuso* (1922), de Mendes Fradique (José Maria de Freitas), ou *A Manha* (1926), do Barão de Itararé (Aparício Torelly). Sua delicadeza assegurou-lhe um prestígio de que nenhum outro programa congênere desfrutou em toda a história do humorismo na mídia brasileira, seja no rádio, na imprensa ou na TV. Conseguia agradar a todos ao mesmo tempo – homens e mulheres, crianças e adultos, pobres e ricos, intelectuais e a gente das ruas. Essa empatia popular absolutamente fora do comum tem sua justificativa: sintonizar a *PRK-30* sempre foi um verdadeiro encanto, uma dessas experiências que, uma vez efetuadas, jamais podem ser esquecidas.

---

* A primeira experiência oficial de radiodifusão no país foi feita em 7 de setembro de 1922, através de estações transmissoras instaladas pela Western Eletric e Westinghouse International no alto do Corcovado (Rio), em São Paulo, Niterói e Petrópolis. O presidente Epitácio Pessoa (1865-1942) discursou em comemoração ao centenário da Independência. A primeira emissora brasileira, a Rádio Sociedade do Rio de Janeiro, organizada por Edgard Roquette Pinto (1884-1954), iniciou suas atividades em 23 de abril de 1923. Foi o presidente Washington Luís (1869-1957), por decreto-lei de 1º de janeiro de 1929, que uniformizou a identificação das emissoras do país pela sigla PR (abreviatura de "prefixo"), cabendo à Rádio Sociedade a primeira designação: PRA-A. Segunda emissora implantada, a Rádio Club do Brasil, ficou com o prefixo PRA-B, e assim por diante. Na década de 1940 a radiofonia alcançou seu maior poder de comunicação, aos poucos diluído após o aparecimento da TV no Brasil, em 1950.

Quanto a isso, dou meu próprio testemunho. Uma das mais agradáveis recordações que guardo da infância se deve à *PRK-30*, quando era transmitida pela Rádio Nacional do Rio, na chamada "fase de ouro" do programa. Naqueles tempos, alunos de escolas primárias estudavam depois do jantar e iam dormir bem cedo, mas, em minha casa e na de inúmeros colegas, havia uma exceção: toda sexta-feira era permitido ficar com a família reunida à volta do receptor para sintonizar a *PRK-30* às 20h30. Todos, os mais velhos e meninos como eu, davam boas gargalhadas e, sobretudo, devido às brincadeiras inconsequentes e inócuas do programa, ficavam plenamente gratificados, como se pais e filhos estivessem participando juntos daquela sensação de liberdade de espírito de crianças peraltas e indisciplinadas em sua "hora do recreio", daquela suave imaturidade irresponsável de alunos admoestados por "mau comportamento em aula". Eu, em particular, adorava os trocadilhos infames de Lauro Borges, e por causa deles fui até ameaçado de expulsão do Colégio Mello e Souza, onde estudava, em Copacabana. De tanto fazer trocadilhos para meus colegas rirem – estranho modo que arranjei para ganhar prestígio na classe – a professora chamou o diretor da escola. "Não aguentamos mais tantos trocadilhos!", exclamou ele, na frente de todos, olhando para mim. Foi quando levantei o dedo para falar e respondi: "Por que então o senhor não *trocadilhugar* com outro diretor?"

Assunto de conversa e risadas para todos, sem exceção (diz-se que, ao ouvi-la em uma representação ao vivo no Palácio do Catete, o sisudo presidente Dutra foi surpreendido com as únicas gargalhadas que deu em sua vida), *PRK-30* divertia até mesmo seus próprios intérpretes, com evidente ganho para a descontração necessária a seus desempenhos. Vez por outra Lauro e Castro mal continham o riso ao microfone, cacos (frases improvisadas) e falhas de contrarregra eram motivo de piadas. A despeito disso, os *scripts* de Lauro (como se pode constatar nos publicados nesse volume) obedeciam a extremo rigor de construção e, minucioso em todos os detalhes, vinham dotados daqueles truques secretos de que sabe se valer um artista para arrematar sua obra – ou seja, no caso da *PRK-30*, para deixar uma impressão de desordem (em todos os sentidos) com uma estrutura de absoluta ordem. Como nos relembrou a viúva do comediógrafo, Maria Luiza Machado Sáes, dois dias antes de cada apresentação, Lauro enfurnava-se em seu escritório – no terceiro andar de uma casa na rua Leblon, número 4, zona sul do Rio, onde morou com a família por 36 anos – e preparava o *script* manuscrito, que depois ela mesmo datilografava em três cópias. "Lauro era distraído e desorganizado", disse. "Perdia papéis e se irritava, aflito porque faltava pouco tempo para o programa ir ao ar." No dia seguinte, uma das cópias era entregue a Castro. Às vezes, os dois ensaiavam no escritório de Lauro, mas quase sempre o ensaio se dava mesmo na emissora, quase em cima da hora. A terceira cópia ficava com a equipe técnica responsável pelos efeitos sonoros e as vinhetas de intervalo.

O paulista Lauro Borges e o mineiro Castro Barbosa foram celebrizados pela *PRK-30*, mas já desfrutavam de fama considerável antes mesmo do lançamento do programa. Mimetômano por vocação natural, Lauro, ex-jogador de futebol e locutor, ganhou prestígio imitando sotaques de "correspondentes estrangeiros" em um jornal de humor que criou em 1937, *A Buzina*, e fazendo a voz do travesso menino "Manduca" no programa de Renato Murce *Cenas Escolares* (depois *Piadas do Manduca*), que se manteve no ar durante 25 anos. O *Jornal das Moças* chegou a defini-lo como o "Walt Disney do rádio", equiparando "Manduca" a "Mickey Mouse" e "Pato Donald". Lauro considerava Castro Barbosa "meu irmão gêmeo". Amigos por três décadas, conheceram-se em 1935 no lendário *Programa Casé*. Lauro era locutor, e Castro, cantor. Foi Renato Murce quem teve a ideia de reuni-los pela primeira vez como comediantes em *Hora Só... Rindo* (1936), impressionado com suas habilidades de imitação vocal. Castro vinha se destacando como cantor – iniciou a carreira em 1931, com inúmeros discos, a maioria em dupla com Jonjoca (João de Freitas Ferreira), tendo mesmo gravado a primeira versão de *O Teu Cabelo Não Nega*, além de outros 78 rpm em parceria com Carmen Miranda, Francisco Alves e Dircinha Batista – e adotou para a nova função o pseudônimo de Vasco Ferreira. Participou com Lauro dos filmes *Banana da Terra* (1939) e *Abacaxi Azul* (1944) e, no rádio, dos humorísticos *Variedades Esso* (1938), *Programa Colgate-Palmolive* (1939), *Clube do Lero-Lero* (1941), sobressaindo-se *PRV-8 – Rádio X* (1939) e *PRK-20* (1942), dois esboços preliminares da futura *PRK-30*. Somente nesta última abandonou o pseudônimo, enquanto Lauro já estava consagrado como o cartaz mais popular do rádio brasileiro e o humorista mais bem pago do país.

"O rádio tem três funções: ensinar, educar e divertir", disse Lauro Borges. "Escolhemos o humorismo – um humorismo são, um humorismo honesto. Tenho certeza de que a maneira de divertir que empregamos foi a base do nosso êxito."[2] Maneira única, inconfundível e irresistível. Nunca se fez no país um programa de humor como a *PRK-30* – garante o diagnóstico unânime dos especialistas. O passar do tempo assegurou-lhe ainda outra dimensão: tornou-se memorabilia, retrato expressivo da cultura populista em um momento da vida nacional. A rigor, nenhuma monografia parece em condições de dar conta desses valores, posto que a *PRK-30* nunca foi para ser lida (ou encenada), mas ouvida. É no desempenho de Lauro Borges e Castro Barbosa que se acha o segredo maior da graça contida nas páginas de seus *scripts*, da mesma forma como uma partitura musical só pode ser apreciada a rigor em sua execução – ou, como expressou Vinicius de Moraes, "assim como a canção só tem razão se se cantar". Insuficiente seria, assim, um conjunto de seleções do programa, incluindo *scripts* completos, de modo a assegurar ao leitor a possibilidade de experimentá-lo devidamente. Fez-se indispensável a edição dos CDs que acompanham o volume, com gravações originais extraídas do acervo particular da família de Lauro Borges, dos arquivos de Renato Murce e da Rádio Nacional, reunindo momentos característicos de vários aspectos da *PRK-30* e privilegiando notáveis performances da dupla de intérpretes. Dupla? Ao incrédulo leitor/ouvinte pode parecer mesmo impossível que tão vivos e variados personagens sejam criados por somente duas vozes, virtuosísticas que sejam. É outro fenômeno incomum, como tudo que diz respeito à *PRK-30* – o despretensioso e genial programa de rádio que, durante duas décadas, conseguiu a façanha de fazer um país inteiro quase morrer de tanto rir.

NOTAS

1 Renato Murce, *in Bastidores do Rádio – Fragmentos do Rádio de Ontem e de Hoje* (Imago Editora, Rio, 1976)

2 Lauro Borges, *in Equipe Artística*, 13 de setembro de 1955.

PRK-30: UM PROGRAMA MODELO

Lauro Borges e Castro Barbosa: os ouvintes duvidavam de que apenas duas vozes pudessem criar dezenas de personagens.

ABRE O PROGRAMA "Megatério Nababo d'Alicerce", "o único locutor que já mordeu a língua mais de dez vezes sem ter tido hidrofobia", português que se orgulha de "falar inglês em vários idiomas". Apresenta a *PRK-30* como "uma emissora de ondas longas e compridas e ondas curtas e encolhidas", "a estação mais ouvida na Suíça e em oito subúrbios da América Central", "uma rádio 48% honesta", "a estação que venceu, viu e chegou", "um colosso que vai de popa em vento" e que "deseja apresentar sempre as mais *avariadas* novidades não só do presente como também do passado", "a emissora que raramente provoca náuseas em seus delicados ouvintes e apresenta as melhores notícias que ocorrem em todas as partes do mundo e adjacências".

"Excelentíssimos senhores ouvintes do Estado do Rio, do Estado de São Paulo, do Estado de Mato Grosso, dos Estados Unidos e dos demais estados interessantes, muito boa-tarde."

"Amigo ouvinte, com o perdão das palavras, muito *good-night*, muito *buona sera* e muito *I love you*, frases que, trocadas em miúdos, querem dizer 'boa-tarde' em francês."

"Amigo ouvinte, *noir* em francês quer dizer 'branco', mas em português quer dizer 'no ar' mesmo, e a sua *PRK-30* está no ar em português."

Desdenhando das outras emissoras – "que encerraram suas atividades de hoje, porque quando nós começamos a *funcionejar* fazemos um completo *manepólio* das ondas *artrosianas*" – Megatério introduz o prefixo musical, completamente desafinado e executado ao vivo "por nossa desconcertante orquestra de concertos", uma "contraproducente orquestra composta por 65 professores de Matemática, Geometria, História etc.", "uma descongestionante orquestra de violinos de vara e trombones de corda". As apresentações variam:

"A nossa orquestra de ritmos esquisitos vai executar com aquela sua coragem habitual o nosso bem ajustado prefixo, considerado pelas pessoas de bom gosto e inteligência oblíqua como o melhor *beguine* musical do momento atual presente que se conhece hoje em dia."

"Vamos ouvir, executado em francês legítimo pela famosa orquestra norte-americana do sul da África, música fina, enternecedora, suave e delinquente, que será executada em solo de flautins de cordas e piano de sopro."

"Oh, maestro, bota a língua dentro da boca e arrebenta o *Rêve d'Amour.*" Os maestros não são poupados: certa vez, são dois, "Léo" e "Perácio" (alusão ao maestro Léo Peracchi), outra "Radanaus Inhadameteli" (idem com Radamés Gnatalli), ou ainda um certo "Lulu Perdigueiro de São Bernardo", "que tirou o primeiro prêmio na exposição canina de Nova York, capital da *Polmorânia*, e vai executar o prefixo em ritmo de *fox-terrier*." Por fim, "Megatério" interrompe a desengonçada orquestra com um agastado "Chega!" ("Não precisa caprichar tanto!") e refere-se ao prefixo, "hoje totalmente executado em castelhano", falando da "bonita valsa que vocês acabaram de ouvir, em compasso de ópera, ritmo de conga e com marcação de *bugre-bugre*".

Dando início às suas "soberbas e abobalhantes apresentações", "Megatério" introduz o locutor "Otelo Trigueiro": "E agora, para o deleite condensado dos nossos ouvidos, o moderno Rodolfo Valentino", "o melhor *galão* de novelas do Brasil e do subúrbio", "a voz onde as abelhas se inspiram para fazer o mel", "uma voz tão medicinal que neutraliza o excesso de acidez do estômago", ou "um favo de mel em forma de gente humana". E avisa: "As palavras de 'Otelo Trigueiro' agem de modo rápido e suave, limpando os intestinos e regularizando as funções do fígado". Pois aqui está o "famoso locutor da voz *lantijolada*, um *espícler* que já foi convidado diversas vezes para trabalhar nos *United States*, mas que não aceitou porque não se dá bem com o clima da Europa."

Um poço de vaidade e pretensão, locutor de voz melosa e insinuante, de riso debochado e cafajeste, típico malandro pernóstico e açucarado, julgando-se "o desbravador dos corações femininos" e "grande *espícler* animador, diretor, autor, corretor, cantor, ensaiador, artista, pianista e violinista, humorista e equilibrista", "Otelo Trigueiro" dirige-se então "às minhas fanáticas *fãzes* da Europa, da Ásia, da África, do Oceano Atlântico, da América Central, do América Futebol Clube e de outros países": "*Messiêres, medâmes, buona noche*. Como *savá*, como *savão* todos? Ok? A todos vocês os meus *tânques*, os meus *tanquiús*, como dizem os filipinos, isto é, os filhos das Filipas. Esta voz que vocês estão tendo o celestial enlevo de ouvir é a voz suave, aveludada, *fossinegre* e *sulfamilamídica* do maior *espícler* da presente atualidade do momento contemporâneo, o querido Tetelo das morenas inequívocas, das louras inelutáveis e até das morenas ferruginosas."

Adverte logo sua legião de admiradoras "de *tout le monde*": "Otelo Trigueiro é o melhor, mas ataca o coração", ou: "Aqui estou eu com minha voz sonora bastante levemente laxativa". No cúmulo do narcisismo, exclama: "Para todas aquelas que estão me ouvindo, meus sinceros parabéns!"

Cabe a "Otelo", quase sempre, anunciar a próxima atração: "E agora, como não podia deixar de não ser, atendendo a *assistentes* pedidos que nos chegam não só de fora como também do exterior, a *PRK-30* passa a apresentar um programa só para homens, mulheres e crianças". Separados por uma gongada ou uma vinheta orquestral, os "programas" – que podem durar segundos e nem sempre são transmitidos (depois de anunciados, muda-se de assunto) – caricaturam gêneros comuns ao rádio da época, como por exemplo:

Programa de Calouros. Um deles anuncia o *trítulo* da música de sua autoria: "Vem, vírgula, minha querida e idolatrada namorada, vírgula, *reposá* nos braços meus e me dá os beijos teus, vírgula, que eu não me chamo Mateus. Vem agora nessa hora que tu és a minha aurora, ponto e vírgula". Outro, a quem "Otelo" pergunta a idade, fica indeciso: "*Pera* aí, eu tenho... Eu não me *alembro* se tenho 44 anos e calço sapatos número 39, ou se tenho 39 anos e calço 44." Um terceiro, para espanto de "Otelo", revela sua nacionalidade: "Eu sou metade italiano, metade brasileiro". Motivo: "É que, quando eu saí da Itália, pesava 35 quilos. Cheguei aqui e agora *tô* pesando 70."

Concurso Carurú Dançante. O *cãodidato* "Laranjaço Mexerico de Lima" desafia "Otelo" a decifrar a charada: "Tinha uma ama de leite. O garoto *chorô*, porque queria *ganhá* o leite. Ela foi *procurá* na geladeira. Tinha acabado. Aí ela foi no vizinho, *robô* o leite do vizinho e deu pro garoto. Como é que se chama o nome do garoto?". "Otelo" não acerta e "Laranjaço" responde: "Amadeu Leite Furtado."

"O delicado programa esportivo" *Um Chute no Seu Ouvido*. Chamado a opinar sobre o jogo Portuguesa x Fluminense, famoso técnico português diz que, "na minha fraca opinião de comerciante varejista", foi "um jogo jogado com uma bola redonda" e acrescenta que não pôde ver o jogo "porque fui visitar um amigo", explicando que "há mais de 18 anos não assisto a um jogo de futebol".

Corrida no Jóquei Clube. O locutor é interrompido pelo indignado "Megatério": "Isso é uma malvadeza, senhores, fazer os coitadinhos dos bichinhos correr dessa maneira! Cavalo também é humano, senhores! E é isso que eles chamam de democracia!"

Essas e outras "atrações" são atravessadas em geral por duas constantes. "Que besteira! É melhor você calar a boca! Não é nada disso!" – vive ruminando "Otelo" ante os disparates do colega, quando reclamações e insultos não são trocados com os "convidados", invariavelmente resultando em emendas ainda mais estapafúrdias. Além disso, os "locutores" nunca perdem a oportunidade para os mais infames trocadilhos (aliás, muito em moda nos anos 1940 e 1950):

– "Essa tentativa de *bis* de nossa orquestra 'Os Perdulários do Ritmo' foi uma gentil oferta da fábrica de *bis*-coitos Aí Morena".

– "A famosa Conchita, uma atriz que sempre *conchita* os ouvintes a ouvir seus programas..."

– "Seguro de vidro para quem tem saúde de vidro na Cia. Bric-a-Brac. Faça um seguro que eu *duvidro* que o senhor não fique satisfeito".

– "O cavalo Independência correu sem jóquei. Aliás, dizem os entendidos que, para montar esse cavalo, é preciso ter uma paciência de *jóquei*."

– "Tome cuidado: com as amígdalas não se brinca. Amígdalas, amígdalas, negócios à parte!"

– De pé quebrado, "Otelo" diz que o médico encanou-o com a parte da frente para trás, "de modo que, quando eu queria andar, não saía do lugar: dava um passo prá frente, outro prá trás". "Megatério" pensa que ele está usando um sapato marrom e outro branco, mas "Otelo" explica: "Isso é um pé gessado. Isso é gesso!" E "Megatério": "Mas é *gessuinamente* gesso ?"

PRK-30 se encerra com a fadista "Maria Joaquina Dobradiça da Porta Baixa", vulgo "A Severíssima", e o boa-noite do locutor "Otelo Trigueiro". "Megatério" anuncia "Maria Joaquina, que cacarejará para vocês, com sua graça bestial". O sotaque português da esganiçada "Maria Joaquina", com seu paródico repertório de fados, em contraste com o tom pernóstico e cafajeste de "Otelo" que logo se segue, arrematando o programa, assinala, na conclusão, a versatilidade vocal de Lauro Borges. Seu "boa-noite", endereçado às "fanáticas admiradoras", arremata o perfil de "Otelo Trigueiro", versejador galante, "cujas palavras" – como ele mesmo reconhece – "são verdadeiras obras de arte, capazes de suplantar a perfeição das formas estampadas nos quadros do pintor Portinari." Ao som de um afinado *Rêve d'Amour*, de Liszt, executado ao piano, "Otelo" recolhe então todas as bonificações de seu espírito narciso: com apego especial a expressões estrangeiras mal pronunciadas, sua declamação final é geralmente temática e trocadilhada, à base de frutas e doces, aves e automóveis, óperas e verduras. Para o ouvinte, paira em suspensão certo desagrado: é sinal que *PRK-30* está terminando e só voltará em uma semana.

[Atrações da *PRK-30* acham-se mais detalhadas a partir da pág. 97. Observe-se que esse formato original do programa sofreu poucas alterações ao longo de vinte anos. As principais se deram na década de 1950, quando *PRK-30* tornou-se seção da série *Levertimento*: foram suprimidas a introdução e o desfecho e adicionadas pré-gravações de reações da plateia.]

UM ESBOÇO BIOGRÁFICO

Lauro (o segundo à direita) participa, no Rio de Janeiro, do primeiro Campeonato Brasileiro de foot-ball, *em 1924, jogando pela Associação Atlética da Bahia.*

INFÂNCIA E FUTEBOL

Ao rádio chegou por acaso, e tardiamente, Laurentino Borges Sáes, nascido no bairro de Santa Efigênia, São Paulo, a 14 de janeiro de 1901. Inatos, porém, eram os dotes vocais que iriam consagrá-lo mais de três décadas depois. "Não há dúvida de que meu caso é de pura vocação", reconheceu. "Muito cedo perdi meus pais e passei a morar na casa de uma tia. Até hoje ainda tenho em mente o que era nossa vivenda então: um casarão enorme, no centro de uma grande fazenda, com matas e frutas, um paraíso para um garoto da minha idade. Minha preocupação era unicamente as peraltices, as pescarias e a caça aos passarinhos. Por esse tempo, eu imitava tudo e todos, mas é claro que nem eu nem ninguém nunca demos importância a isso. A coisa começava bem cedinho: eu ia para a frente da casa e cantava como galo. O nosso galo de verdade respondia de lá e ficava furioso para sair do galinheiro e brigar com o intruso. Eu repetia, e ele, bravo, cantava ainda mais alto, até que minha tia ralhava comigo porque o pobre do galo se machucava todo de encontro à tela do galinheiro. Assim também era com as caçadas, quando eu imitava o canto dos passarinhos para chamá-los. E me lembro de uma vez – uma vez entre muitas – em que levei uma bruta surra por estar imitando a fala mole de uma vizinha, quando a mulher, inesperadamente, apareceu lá em casa. Dou graças à minha tia, que, contra a vontade daquele garoto, criado à solta na fazenda, me obrigava a frequentar aulas e estudar com afinco." [3] Seu colégio era o Liceu Salesiano Sagrado Coração de Jesus, na capital paulista. "Desde logo ficou decidido que eu seria advogado", e ele bacharelou-se em Ciências e Letras no Ginásio São Bento.

Assim, ficam relegados a meros passatempos entre amigos aqueles pendores imitatórios que ninguém, nem ele mesmo, leva à sério. Laurentino Borges Sáes segue outro caminho: o *foot-ball*, como então se escrevia, quando esse esporte ainda não havia alcançado o *status* de profissionalismo no Brasil. Joga bem, na linha média, e chega a fazer carreira, usando o sobrenome Sáes. Começa em 1917, em São Paulo, nos juvenis do Ginásio São Bento, onde estudava, passando pelo São Cristóvão da Várzea, a Associação Atlética Paraíso e o Domingo Sávio. Em 1919 ingressa na Segunda Divisão do Campeonato Paulista, atuando nos juvenis do Palestra-Itália (hoje Palmeiras), que disputavam preliminares dos jogos principais. Passa no ano seguinte ao Ítalo-Lusitano, já adulto e formando trinca com Feitiço e Aguiar. Entra para o Germânia em 1922, mas seu destino no futebol paulista não lhe parece muito promissor.

Mudou a sorte ao visitar uma tia em Salvador. Resolve ficar e, convocado por um clube de granfinos, a Associação Atlética da Bahia, acaba conquistando o tricampeonato baiano de 1924, 1925 e 1926. Formava a Atlética em geral com: Baby; Pedrito e Durval; Mica, Popó e Sáes; Armando, Astério, Petiot, Manteiga e Sandoval. A vitória de 1924, lembrou, foi sua maior satisfação na vida esportiva: "Na decisão, empatamos por 2 a 2 com o Baiano de Tênis. Perdíamos por 2 a 0 na segunda partida. Passei da linha média para o centro do ataque e meu time obteve, nos derradeiros dois minutos, os quatro pontos que lhe asseguravam o triunfo. Pela primeira vez fui sagrado campeão em uma grande disputa." [4] Valeu o feito sua convocação para o selecionado baiano que competiu no primeiro Campeonato Brasileiro, realizado no Rio em 1924 pela CBD (Confederação Brasileira de Desportos). Esteve novamente no Rio com a seleção para os torneios de 1925 e 1926, figurando ao lado de jogadores de renome, como Mica, Joãozinho e Manteiga.

Durante o Brasileiro de 1926 prefere permanecer no Rio: arranja emprego na Light & Power e recebe convite para jogar no Botafogo. Só que, pelas leis de transferência na fase de amadorismo do futebol, teria de permanecer na inatividade pelo prazo de um ano. Sáes contenta-se então em aguardar o "passe" e apenas busca manter a forma defendendo em algumas partidas as cores do modesto Barra Mansa. Afinal no Botafogo em 1927, constitui com Almo e Macarroni uma linha média que, segundo ele, "jogava com apetite": cai nas graças da torcida o trocadilho "Almoçais Macarrão" sugerido pela trinca Almo-Sáes-Macarroni. Seu último clube é o Flamengo, cujas cores defende de 1928 a 1931, em alguns jogos como zagueiro, outros como médio, ao lado de um certo Flávio, apelidado "Alicate" – nem mais nem menos que o depois famoso Flávio Costa (1906-1999), futuro técnico do Flamengo, do Vasco, das Seleções Carioca e Brasileira. O sobrenome continuava a servir a trocadilhos. Em 1931, quando o rubro-negro passou por crises administrativas (teve quatro presidentes em um ano), vários jogadores, sócios do clube – prática comum antes do profissionalismo – decidiram debandar, em solidariedade a dirigentes depostos. Mas Sáes prefere permanecer, dando chance ao cronista Gramury de enviar-lhe um verso que assim conclui: "Saem todos os demais. / Só tu, Laurentino, não Sáes!"

Apelidado "Sáes Meia-Dúzia", porque "gostava de driblar seis de cada vez", abandonou o futebol no mesmo 1931, com 30 anos, sem deixar de reaparecer nos gramados tempos depois, já famoso e com outros artistas, em eventuais jogos preliminares organizados por estações de rádio. Agora, casado há dois anos, a mulher, Maria Luiza, esperando o primeiro filho, continua com seu emprego na Light & Power e distrai-se cantando tangos em festas de grêmios cariocas, acompanhado ao violão por Aché, colega seu no time do Flamengo. Um encontro fortuito altera o destino de sua carreira: ainda jogava no Flamengo quando fez amizade com um dos primeiros locutores esportivos do país, Amador Santos. Suas brincadeiras de cantar tangos, contar piadas e imitar vozes e sons impressionam Amador, e este o convida a fazer a locução de um programa radiofônico semiamadorístico e clubista que tinha idealizado: *Hora Rubro-Negra*. Hora, lembra Sáes, "que só tinha 45 minutos".

Sua estreia no rádio foi como *speaker* do primeiro programa, em 14 de janeiro de 1935, data de seu 34º aniversário, pelas ondas da Rádio Club do Brasil (PRA-3), que passou a transmiti-lo aos sábados, 18h, sempre de maneira improvisada. A ideia original – reunir sócios e torcedores flamenguistas, apenas amadores – é logo esquecida: a Rádio Club funciona no Edifício Cineac, centro do Rio e próximo de um hoje lendário ponto de encontro para bate-papos, o Café Nice (na verdade, Casa Nice), Av. Rio Branco, 174, esquina de Bittencourt da Silva.* Ali, a turma do rádio e da música popular fica em geral à disposição, em mesas e cadeiras de vime distribuídas pela calçada: Noel Rosa, Ciro Monteiro, Sílvio Caldas, Orlando Silva, Dalva de Oliveira, Orestes Barbosa, Manézinho Araújo. Pouco antes de cada audição, basta a Sáes um passeio até o café.

"Levava para compor a *Hora Rubro-Negra* uns três ou quatro", diz ele. "Com o acréscimo de amadores, fazíamos o programa. Bom programa, aquele. Qualquer um cantava, fazia prognósticos de jogos, contava anedotas, uma vez provado o seu jeito para a coisa. E tinham bons elementos, alguns dos quais, mais adiante, vieram a ingressar no rádio de verdade."[5] Acompanhando os números musicais não há sequer um conjunto – apenas um pianista que recebe cachê de 20 mil réis. Durante quatro meses Sáes anima a *Hora Rubro-Negra* não apenas na locução. Começa também a exercitar sua vocação de humorista: escreve piadas, redige engraçadas notas sociais, confecciona paródias.

---

* A Casa Nice foi inaugurada em 18 de junho de 1926 e fechou em 1954.

Seu concunhado, o compositor e radialista Cristóvão de Alencar, pseudônimo de Armando de Lima Reis (1910-1983), vê chegada a hora de Sáes tentar carreira profissional no rádio. Não fez por menos: marca um teste para locutor no mais importante *show* de variedades radiofônicas da época, o *Programa Casé*, da Rádio Phillips (PRA-X).

PROGRAMA CASÉ

Lançado em 11 de fevereiro de 1932 pelo produtor pernambucano Ademar Casé (1902-1993), o *Programa Casé* era apresentado aos domingos, durava de três a quatro horas e constituía uma espécie de "escola do rádio" pioneira no país. Observa Renato Murce que "o programa lançava artistas que depois se tornariam famosos – Noel Rosa, Pixinguinha, Donga, João da Baiana etc –, além de arregimentar, com ótimos contratos de exclusividade, alguns dos grandes nomes já em voga: Francisco Alves, Almirante, Carmen Miranda, Aurora Miranda." Segundo Murce, "foi Ademar Casé quem primeiro valorizou o artista brasileiro: pagava bons cachês e conseguia, com isso, enorme apelo popular e um interesse desusado dos anunciantes". O próprio Murce tinha organizado na Phillips um programa similar, *Horas do Outro Mundo* (estreia em 20 de setembro de 1932), e reconhece que o *Programa Casé* "era melhor": "Felizmente, a irradiação do meu se dava em dia e horários diferentes. O *Programa Casé* não me prejudicava quanto à audiência. Só precisei modificar o teto dos cachês para evitar a debandada da minha turma." *

Aprovado no teste, Sáes é contratado com salário de 150 mil réis por semana para a função de *speaker*, substituindo o apresentador Paulo Roberto. Estreia no *Programa Casé* em 22 de maio de 1935. Em poucos meses, desenvolve critérios de locução pouco afinados com a prática em vigor: "Na parte artística, o *speaker* deve intervir, trabalhando não só na seleção de valores, como

---

* Renato Murce, op. cit. Afirma o autor que *Horas do Outro Mundo*, hipoteticamente irradiado do planeta Saturno e em que Murce interpretava o ditador Remur I, "dando ordens para todos os planetas", mesclava músicas e anedotas, constituindo cronologicamente o terceiro programa de rádio no país a apresentar *sketches* humorísticos. O primeiro surgiu em 1931 na Rádio Sociedade: *Manezinho e Quintanilha*. Durava apenas cinco minutos, trazendo dois atores de teatro, Arthur de Oliveira e Salu Carvalho, contando anedotas. Murce produziu o segundo, *Rádio Miscelânea*, em 1932, na Rádio Club, combinando humor e variedades.

Em 1935, no Programa Casé, *da Rádio Phillips, Lauro Borges desenvolve os dotes de locutor, com seu apreço pela elegância.*

também para o aperfeiçoamento dos mesmos. O *speaker* deve fazer tudo para possuir no elenco de sua estação artistas que ele anuncie com prazer. Na parte comercial, deve intervir colaborando na redação de anúncios. Pois que, sendo ele quem os vai dizer, ninguém melhor poderá orientar uma maneira mais interessante de os redigir." [6] Mas Ademar Casé apreciara seu senso de humor na *Hora Rubro-Negra* e insiste para que ele volte a demonstrá-lo em seus espetáculos dominicais de vasta audiência. Muito a contragosto, Sáes concorda, desde que as funções de *speaker* e humorista fiquem demarcadas: no segundo caso, exige apresentar-se sob o pseudônimo com que iria se celebrizar – Lauro Borges. Explicou: "Diante do microfone, senti o quanto era pouco radiofônico o nome de Laurentino Sáes. Só mesmo por promessa – e assim mesmo de cristão que não se arrepende dos votos feitos aos santos – poderia ter-me sido dado esse 'apelido'. Como, entre meus parentes, eu era conhecido apenas por Lauro, recorri ao tratamento familiar, pondo de lado o sobrenome Sáes, que nos traz ideia de um laxante." [7]

Ainda assim, a experiência o desagrada, por duas razões: mesmo recorrendo à dupla identidade, não há condições de evitar a desnaturalização da linguagem da locução (solene e sóbria pelos padrões da época) com investidas de (má) comicidade, em geral impostas por patrocinadores. Além disso, julgava inadequado ao rádio o formato da anedota, como explicou: "Às vezes, um anunciante mais ousado quer que o *speaker* se desdobre em humorista, ou por outra, imitador – e faça até voz feminina, para anunciar qualquer coisa. Tenho uma prova em um anúncio que certa vez me veio às mãos. Eu teria que fazer um diálogo comigo mesmo, falando ora com voz de garoto, ora com voz de mulher. Era esse o texto do anúncio: (*Menino*) – 'Mamãe, a senhora leva duas horas para enfiar uma agulha ?' (*Mãe*) – 'Que é que você quer, meu filho ? Eu não tenho óculos.' (*Menino*) – 'Ora, mamãe! Vai já comprá-los na Casa tal…' Recusei-me a ler isso ao microfone. Ridiculariza o *speaker* e fá-lo perder 50% dos ouvintes, que admiram um locutor sério e elegante. E o pior é que os ouvintes pensam que a ideia é do pobre *speaker*. Também não sou apologista da anedota pelo rádio, onde ela raramente faz rir. Não a considero como veículo de humorismo. Humorismo radiofônico pode ser uma crônica ou um *sketch* – nunca uma anedota. Que graça tem um camarada contar uma piada pelo microfone, sabendo que este se presta a tantas outras formas mais interessantes de humorismo. É o mesmo que um artista cinematográfico aparecer na tela, cruzar os braços, olhar para o *cameraman* e dizer, com voz uniforme: (*A mulher, para o marido*) – 'Cada vez eu me convenço mais de que você é um idiota e um ignorante! (*O marido*) – 'Sim, notei isso quando me casei com você...' Francamente: em uma roda de amigos, entre goles de café, as anedotas ainda são suportáveis – principalmente se a gente deve algum favor a quem as conta. Mas, no rádio, são uma calamidade." [8]

CASTRO BARBOSA, CANTOR

No *Programa Casé*, onde ficou apenas um ano e um mês, Lauro Borges conhece e faz amizade com Castro Barbosa, oito anos mais moço, já então um cantor de certo prestígio, com diversos discos gravados (incluindo a versão original de *O Teu Cabelo Não Nega*), muitos deles em dupla com Jonjoca (João de Freitas Ferreira). Como Lauro, dispunha agora, contratado por Ademar Casé, de sua primeira chance profissional no rádio. Era cantor, e o humorismo nunca lhe passou pela cabeça até então. Filho de um engenheiro que participou da construção da antiga estrada Rio-São Paulo, Joaquim Silvério de Castro Barbosa (herdou o Joaquim Silvério do pai e do avô), mineiro, nascido em Sabará em 7 de maio de 1909, fez seus estudos no Rio, no Tico-Tico e no Colégio Pedro II, até 1924, quando cursou uma escola comercial, diplomando-se em guarda-livros. De 1926 a 1928 trabalhou na Livraria Braga & Cia. Inativo por alguns meses em conseqüência de um acidente ferroviário em Teresópolis, ingressou depois na companhia de navegação Lloyd Brasileiro e no Banco Comércio e Indústria de Minas Gerais. Foi em sua passagem pelo Lloyd, convivendo com donos de armazéns e operários do Cais do Porto do Rio, que Castro aprendeu e aperfeiçoou o sotaque de português que lhe daria acesso ao humorismo no rádio e com o qual compôs o personagem do "Megatério Nababo d´Alicerce".

Também no Lloyd, Castro conheceu um cantor, colega de escritório, o baixo João Athos, que o introduziu no meio musical, como relembra: "Em fins de 1929, ao ouvir-me cantarolar, o João Athos interessou-se por minha voz e convidou-me para um teste na Rádio Educadora (PRB-7), onde fui apresentado ao famoso Almirante,* que me chamou para participar de um programa dele. Bastou para que, em princípios de 1930, eu fosse convocado pela RCA-Victor

---

* Almirante, pseudônimo de Henrique Foreis Domingues (1908-1980), chamado "a maior patente do rádio brasileiro", produtor de programas (*Incrível, Fantástico, Extraordinário*; *Aquarela do Brasil*), compositor (*Na Pavuna*), e cantor (*Yes, Nós Temos Bananas; Touradas em Madri*). Ver *No Tempo de Almirante – Uma História do Rádio e da MPB*, de Sérgio Cabral (Francisco Alves Editora, Rio, 1990).

para gravar meu primeiro disco – o que acabou não acontecendo. Um dia, fui apresentado ao compositor André Filho, que me mostrou algumas de suas canções e me convidou para gravar na Parlophon a marcha *Uvinha*, tendo na outra face o bonito samba de Heitor dos Prazeres *Hás de Sentir*." [9] O disco de 78 rpm saiu em março de 1931. Castro, com apenas 21 anos, no mesmo mês gravou outro na Brunswick, *Tá de Mona*, acompanhado pelo Bando da Lua, ocasião em que conheceu o cantor e compositor Jonjoca.

Em uma festa na casa do cantor Jorge Fernandes, os dois fizeram duetos de brincadeira, com Castro imitando Francisco Alves (1898-1952), e resolveram levar a ideia adiante. Convidado pelo produtor Paulo Netto para voltar à RCA-Victor, Castro gravou em dupla com Jonjoca, em 13 de junho de 1931, duas composições deste, *Sinto Falta de Você* e *A Canoa Está Dura*. O sucesso da parceria – na época rivalizando com outra dupla, Francisco Alves e Mário Reis (1907-1981) – rendeu um total de 22 músicas gravadas até novembro de 1933, data em que Jonjoca decidiu interromper a carreira musical.* Caberia inicialmente à dupla a gravação original de *O Teu Cabelo Não Nega*, a marcha carnavalesca de Lamartine Babo (1904-1963) que consolidou o prestígio do gênero "marchinha" (era adaptação de um frevo, *Mulata*, dos irmãos Raul e João Valença), não houvesse tido Jonjoca, como diz, uma "infeliz ideia". Lamartine ofereceu a marcha para que Castro e Jonjoca a gravassem em dueto na RCA-Victor, mas, como os dois também estavam para gravar *Bandonô*, de Jonjoca, este propôs ao parceiro gravações individuais: no sorteio de cara e coroa, Castro Barbosa ficou então com o *O Teu Cabelo Não Nega*, que gravou sozinho, em 21 de dezembro de 1931, acompanhado pelo Grupo da Velha Guarda, com arranjos de Pixinguinha (1897-1973).[10]

Além de *O Teu Cabelo Não Nega*, um clássico que o popularizou como cantor (vendeu 15 mil discos), a carreira de Castro prosperou em gravações como solista na RCA-Victor, Odeon, Parlophon e Columbia, entre outras, sem contar parcerias com Francisco Alves (*Feitio de Oração*, 1933), Almirante (*A Maior Descoberta*, 1934), Carmen Miranda (*Vou Espalhando por Aí*, 1935), Aracy de Almeida (*Helena*, 1937) e Dircinha Batista (*Amor, Vem Raiando a Aurora*, 1938). Até abril de 1954 gravaria um total de 83 discos de 78 rpm (com 150 músicas).**

---

* Em novembro de 1993, a gravadora Revivendo lançou em CD os onze discos em 78 rpm de Castro Barbosa e Jonjoca, recuperados por tecnologia digital.

** Ver discografia completa de Castro Barbosa no Apêndice.

Castro Barbosa: voz famosa também na música popular.

Renato Murce

Diretor artístico da Radiotransmissora em 1936, Renato Murce (ao centro, de chapéu claro) *lançou Lauro Borges* (à sua esquerda) *como humorista em* Hora Só... Rindo. *À direita da foto, fumando, o violonista Dilermando Reis.*

RENATO MURCE, MECENAS

Treze anos após a inauguração da radiofonia no Brasil, em 1936 já existiam 65 emissoras funcionando no país – 15 no Rio de Janeiro, 11 em São Paulo.[11] Nesse ano, duas poderosas estações são inauguradas no Rio: em 1º de janeiro, a Sociedade Radiotransmissora Brasileira (PRE-3), de propriedade da RCA-Victor, e, em 12 de setembro, a Rádio Nacional (PRE-8), da empresa jornalística A Noite. Nomeado diretor artístico da Radiotransmissora, Renato Murce cria novas atrações e consegue contratar o *Programa Casé*, com todo seu *cast*, incluindo Lauro Borges e Castro Barbosa.*

Lauro sai da Phillips em 15 de junho, estreando na nova emissora uma semana depois – agora, como pretendia, somente como locutor, na programação diurna, livrando-se das anedotas que o desagradavam. Mas, para a faixa noturna, Murce tem outros planos: certo de que a elasticidade vocal de Lauro não era bem explorada na locução, propõe-lhe tomar parte de programas humorísticos, sem deixar sua função de *speaker* à tarde. Após uma recusa inicial, ele aceita, já que não se trata aqui de anedotas, e sim de criação de personagens. O *Programa Casé* recupera com sua popularidade as finanças da Radiotransmissora, afetada em menos de quatro meses de funcionamento por administração deficiente, permitindo a Murce investir no lançamento desses programas. Um deles, *Hora Sertaneja* (mais tarde *Alma do Sertão*), reúne poemas caipiras, desafios, toadas, *sketches* e emboladas. Contracenando com o próprio Murce, também autor do texto, e ainda Vera Regina, Dilermando Reis, Luiz Americano, Pery Cunha e Euclydes Ramos, cabe a Lauro Borges o papel de um matuto desconfiado e esperto, "Nhô Neco", depois aproveitado em alguns programas.

Outra nova atração produzida, escrita e interpretada por Renato Murce, *Hora Só... Rindo*, radioteatro de humor, tem o mérito de constituir pela primeira vez em chave cômica a parceria Lauro Borges & Castro Barbosa, no pequeno *cast* completado por Almirante e Vera Regina (quando se conheceram no *Programa Casé*, como foi dito, Lauro era *speaker*, e Castro, cantor). Para isso era preciso que Murce repetisse com Castro o que fizera com Lauro: transformá-lo em humorista. Desta vez, por acaso, como recorda Castro: "Na

---

* O *Programa Casé* manteve-se até a aparição da TV no país. Transmitido depois pela Rádio Tupi e outras emissoras, encerrou-se em 1951. Ver *Programa Casé: o Rádio Começou Aqui*, de Rafael Casé (Mauad, 1995).

hora em que estavam todos a postos para ir ao ar *Hora Só... Rindo*, no qual entrava a voz de um português sisudo, o quitandeiro *Seu* Ferramenta, notou-se que o responsável pela voz, Arthur de Oliveira, estava ausente, gripado. Houve um corre-corre incessante no estúdio, até que Renato Murce lembrou-se de que eu imitava bem o sotaque, pois tinha gostado de me ouvir contando piadas de português. Ele me escolheu para o papel. Fiquei com muito medo, pois iria ocupar o lugar de um dos grandes atores que conheci no gênero."[12]

Cantor conhecido, Castro Barbosa adota provisoriamente o pseudônimo de Vasco Ferreira como humorista. Lauro, além de "Nhô Neco", representa outro personagem, "Félix Felixdoro", um gago – "sem dúvida o tipo mais difícil de interpretar", afirmou, "por causa da contração nervosa, tanto que às vezes, findo o programa, pelo esforço que fiz, gaguejo de verdade."[13] Em um dos *sketches*, o diálogo entre um caipira e um português antecipa o estilo característico da *PRK-30*:

> PORTUGUÊS: Eu botei o nome dos meus quatro filhos de acordo com as letras do *analfabeto*.
> CAIPIRA: Como é isso ?
> PORTUGUÊS: Espere lá. Eu tive o primeiro. Um *minino*. Como a primeira letra do *analfabeto* é o A, *butei-lhe* o nome de Arnesto. O segundo foi um *minino* também. A segunda letra é o B, não é ? *Puis intão butei-lhe* o nome de Bastião. O terceiro foi um *minino* também. De acordo com a terceira letra, que é o C, *butei-lhe* o nome de Calixto. E, por fim, quebrou a escrita: *veiu* uma *minina*. E, como a quarta letra é o D, aí *butei-lhe*: Dona Maria."

Encaixado em *Hora Só... Rindo*, o quadro *Cenas Escolares* apresentava uma sala de aula de escola pública, na qual os alunos, arredios à disciplina e à aprendizagem, carreavam à loucura a *fessôra* (Vera Regina). Almirante era um dos garotos, "Fedoca", Murce era o inspetor "Josias Manfredo Leão" (vulgo "Dr. Leão da Metro"), Vasco Ferreira (Castro), o português "*Seu* Ferramenta". Lauro Borges ganhou aqui o papel que lhe proporcionou repentina fama de humorista: o endiabrado menino "Manduca". Tal foi seu sucesso que depois virou nome de programa e permaneceu no ar por 25 anos. Ao mesmo tempo, compôs Lauro a marcha de carnaval *Maria*, assinando-se Laurentino Sáes: acompanhado pelo Grupo Odeon, Sílvio Caldas (1908-1998) gravou-a em 8 de dezembro de 1936, com orquestração de José Maria de Abreu (1911-1966), o compositor da valsa *Boa-Noite, Amor*. A letra, também de Lauro: "Maria, o teu nome principia com M e acaba com A / Maria, o meu nome principia com

M e acaba com A / Oh, oh, oh, oh, oh, não! / Oh, Maria, eu não sabia / Que era meu teu coração / *Seu* Mário e D. Maria / Que dupla de outro planeta / Eu já sei que vamos ter um romance / Melhor que o de Romeu e Julieta. / Maria, cachôpa faceira / Da terra de Pedro Cabral / Em amor parei contigo Maria / Tu és o tipo da mulher fatal." Também com o nome de batismo, compôs outra marcha, *Isso é Palpite*, que a Casa Irmãos Valente patrocinou, sem ser lançada comercialmente. A vocação para a música veio a estender-se depois como intérprete de nove discos de 78 rpm, entre 1940 e 1949, e na própria *PRK-30*: são composições suas os fados que ele mesmo canta na voz esganiçada de "Maria Joaquina Dobradiça da Porta Baixa".

A BUZINA

1937: Questões políticas (o novo diretor, Nelson Dantas, era integralista) afastam Renato Murce da Radiotransmissora. Lauro Borges ainda permanecerá dois anos como *speaker* da faixa diurna, mas o contrato não o impede de trabalhar à noite para o produtor Wallace Downey, no *Programa Palmolive* da Rádio Mayrink Veiga (PRA-9), que também convoca Castro Barbosa como cantor. Almirante obtém o aceite de Lauro para reunir-se a Dircinha Batista e Jorge Murad no pequeno elenco de seu *Almirante e seus Marujos*, quadro do mesmo programa. É ainda Almirante quem lhe propõe inserir outro quadro, de quinze minutos, no qual poderá, pela primeira vez, não apenas escrever os próprios textos, como sobretudo exercitar sua habilidade na criação dos mais variados tipos.

"Há muito que eu pensava em fazer um jornal radiofônico", explica Lauro. "Pensei, a princípio, em um estilo sertanejo, caipira. Depois, achei o campo estreito demais. Em pouco tempo ia ficar monótono. Como sempre tive facilidade de imitar a pronúncia de várias línguas estrangeiras, decidi criar então um jornal humorístico internacional, com representantes em quase todas as partes do mundo."[14] Só faltava dar nome ao "jornal": "Um dia entrei com Almirante em um loja de acessórios de automóveis, a Casa Ítalo-Brasil, de meu amigo Pedro Gabriel, um dos nossos anunciantes. Conversávamos sobre meu problema quando, sem querer, apoiei a mão em um motocicleta e a buzina tocou. Podia ser esse o nome: *A Buzina*. O Pedro Gabriel me deu a tal buzina de presente. É a que até hoje me acompanha, servindo de prefixo para separar os informes."[15]

Primeira criação de Lauro Borges, A Buzina *(1937), "jornal falado", explorou sua habilidade vocal na imitação de sotaques estrangeiros, incluindo "correspondentes internacionais" como a francesa "Marceline Sóvete" e o alemão "Alex von Secca" (qualquer semelhança...).*

Em setembro de 1937 estreia *A Buzina* no *Programa Palmolive*. Segundo Lauro, "sua repercussão foi de tal ordem que, após três meses de lançado, já se comemorava seu primeiro aniversário." * Ao todo, ele compõe o *speaker* "Jeovah" e sete "correspondentes": o alemão "Alex von Secca", a italiana "Mariuccia Capatosta", o português "Albepíades Molenga da Fóz", o japonês "Professor Yamagata", o russo "Trilhof de Bondevsky", a francesa "Marceline Sóvete" e o americano "John Bookmaker". Para fazê-los, explicou, "ouço os disparates das ruas, as bobagens dos salões, as tagarelices dos barbeiros, as mentiras das mulheres, e depois os distribuo pelos correspondentes especiais, que, com as falas anarquistas, macarrônicas, americanizadas e avacalhadas, encarregam-se de trazê-los para o éter."[16] Nasce ainda em *A Buzina* a fadista "Cremelita Dobradiça da Porta Baixa", que Lauro, de brincadeira, havia interpretado com muito agrado no aniversário de uma das Irmãs Meireles e depois manteve em seu repertório, inclusive na *PRK-30*, substituindo o nome "Cremelita" por "Maria Joaquina".

Renato Murce dá seu testemunho: "As pessoas iam correndo para casa, após o trabalho, só para ligar o rádio antes das 19h30 e pegar as brincadeiras do Lauro. Um dos programas de humor mais finos e bem bolados de todos os tempos, *A Buzina* satirizava, de forma inigualável, o mundo todo, por meio de inúmeros correspondentes espalhados pelos cinco continentes. As notícias eram apresentadas caricaturalmente no sotaque do alemão, do português, do francês, do russo, do italiano, do inglês, do japonês, do espanhol. Isso da maneira mais hilariante possível. Era qualquer coisa fora do comum. Só mesmo um Lauro Borges poderia fazê-lo. Essa habilidade ele iria demonstrar depois, amplamente, na celebérrima *PRK-30*."[17] A imprensa da época confirma: "Sou até capaz de perder a hora do jantar para não deixar de escutar as edições semanais de *A Buzina*", confessa o cronista Tony.[18]

Até 1943 serão cerca de duzentas edições do programa. Depois dos primeiros seis meses e um intervalo, Lauro é contratado pela Standard Propaganda e, em 3 de setembro de 1938, relança *A Buzina* – além de *Nhô Neco Turista* e *As Aventuras do Félix* – em sua primeira passagem pela Rádio Nacional, dentro do programa *Variedades Esso*, no ar desde 1º de junho, em cadeia com a Rádio Tupi de São Paulo (PRG-2). Ampla divulgação na imprensa garante altas audiências ao novo *show*, dirigido por Murce. No elenco, Lauro Borges reencontra Castro Barbosa (ainda com o pseudônimo Vasco Ferreira), a atriz Amélia

* Lauro Borges, *in Cine-Rádio Jornal*, 29 de dezembro de 1938. Ver o programa de estreia de *A Buzina* no Apêndice.

de Oliveira, o cantor Gastão Formenti, a soprano Dolly Ennor e os violonistas Dilermando Reis e Rogério Guimarães (o "Canhoto"). "Não surpreende o êxito absoluto desse *Variedades Esso*", afirma a revista *Carioca*. "Miscelânea recreativa em que há emoção, risos, inteligência, originalidade e arte, merece ser apontado como atração das mais felizes para os ouvintes de elite. Canções, sambas, graça temperada com o mais fino sal, episódios regionais, música seleta, tudo se junta para recomendar um programa encantadoramente recreativo e digno do renome de seu organizador."[19]

Nesse período, *A Buzina* e *Nhô Neco Turista* são transmitidos durante três meses pela Rádio Jornal do Brasil (PRF-4). Lauro Borges torna-se o único humorista a apresentar-se na circunspecta JB em toda a sua história. Quando o *Variedades Esso* vai ao ar pela última vez em 23 de novembro de 1938, incessantes pedidos de ouvintes convencem a Standard a manter em programação os quadros de Lauro. *A Buzina* ressurge na Mayrink Veiga, já como programa independente, em 19 de dezembro. Exultam os críticos, como o que se assina Jupinter, na *Revista Universal*: "Lauro Borges é o humorista mais completo, o mais fino, o mais engraçado do nosso rádio. Consegue esse milagre: não cansa os ouvintes. E possui uma qualidade notável, sem dúvida alguma o fator de seu merecido triunfo: sabe imprimir uma personalidade vibrante a cada tipo que encarna, vivendo-o com tanta alma e naturalidade que difícil se torna identificar o mesmo homem nos vários personagens que interpreta."[20] Outro cronista oculto por pseudônimo, Ed., repete em *O Globo*: "*A Buzina* é de uma vivacidade, de uma jovialidade, de um espírito irresistíveis. Inventando um gênero de humorismo que é realmente humorístico, que funciona por processos os mais simples, Lauro Borges é um cartaz de maioria absoluta, prestigiado por toda sorte de ouvintes. Um sorriso do Brasil para o mundo inteiro, otimista, confiante – daí o prestígio do simpático, esfuziante hebdomadário de Lauro Borges."[21]

Ganham outro relevo os "informes internacionais" de *A Buzina* ante o agravamento da situação política na Europa pela ascensão do III Reich. Observa *A Noite*: "Os gracejos de Lauro Borges são uma válvula de segurança no céu cotidiano tão enevoado, tão carregado de ameaças de guerra. *A Buzina* reserva-se à missão de contrabalançar, pelo humor e a veia cômica de seus austeros 'repórteres internacionais', os sustos desagradáveis, as sinistras ameaças que os outros jornais transmitem."[22] Mais tarde, já em plena II Guerra, reconhecerá a revista *Diretrizes* que "*A Buzina* é um jornal sério, muito bem orientado, antifascista, capaz de prever a marcha dos acontecimentos."[23]

O único descontentamento partiu do *Jornal do Commercio*, cujo cronista, também oculto por pseudônimo ("M"), considerou "um achincalhe" a inclusão de uma nova figura, a do "Dr. Abranges Totum da Silva", médico que, a seu ver, ridicularizava um programa matinal de consultas e conselhos apresentado ao microfone por um médico de verdade, Galhardo Araújo. Em carta ao jornal, Lauro defendeu-se: "É uma paródia de todos os programas médicos que existem em quase todas as estações de rádio do Brasil. As melhores poesias são parodiadas sem que percam a sua beleza, e as figuras mais eminentes são caricaturadas com os traços mais extravagantes sem que isso importe em ridículo para elas. Aliás, convém notar que as poesias mais belas e mais populares são justamente as mais parodiadas, e que só se publicam caricaturas de pessoas célebres. Brincadeiras não podem ser levadas a sério!"[24]

BANANA DA TERRA

A Buzina ganha então as telas do cinema. Tudo principia no reino da Bananolândia, uma ilha perdida no Pacífico, às voltas com dificuldades para vender seu único produto de exportação. O conselheiro-mor avisa à rainha que é preciso promover um incentivo publicitário e incrementar o consumo de bananas no Brasil. Os dois aqui aportam na tentativa de convencer o governo a comprar-lhes o excesso, mas, em vez de conversações oficiais, o conselheiro prefere promover sua campanha, com muita publicidade, em jornais e no rádio, nos cassinos e em teatros de revista. Ele é Oscarito (1906-1970) na sua quinta aparição no cinema e seu primeiro papel de destaque. A rainha, Dircinha Batista (1922-1999), que se apaixona por Aloísio de Oliveira (1914-1995), cantor do Bando da Lua. O filme, *Banana da Terra*,* anunciado como "um pequeno entrecho, salpicado de tiradas humorísticas e dando margem a intercalar números musicais". Desenrolando-se em meio aos requintes dos cassinos cariocas e dos estúdios radiofônicos da época, a ação possibilita assim um desfile de atrações como Francisco Alves, Orlando Silva, Carlos Galhardo, Almirante, Jorge Murad, e músicas que ficariam clássicas, como *A Jardineira*, *A Tirolesa* e, sobretudo, *O Que é Que a Baiana Tem?*, que Carmen Miranda (1909-1955), em seu último filme feito no Brasil, interpreta vestida de baiana estilizada, com turbante, pulseiras, balangandãs, tamancos e torso de seda – imagem que se tornou sua marca registrada. Depois de vê-la no filme, o em-

---

* As fichas técnicas dos filmes de que Lauro Borges e Castro Barbosa participaram acham-se no Apêndice.

presário americano Lee Schubert levou Carmen para cantar na Broadway.*

Foi o maior sucesso comercial da produtora Sonofilmes, fundada em 1937 pelo novaiorquino Wallace Downey (1902-1967), empresário de artistas, cassinos e boates em várias capitais latino-americanas. Produtor do primeiro filme-revista brasileiro, *Coisas Nossas* (1931), cuja fórmula repetiu em *Alô, Alô Brasil* (1934) e *Alô, Alô Carnaval* (1935), conseguiu Downey distribuir *Banana da Terra* através da poderosa Metro-Goldwyn-Mayer, que promoveu em 10 de fevereiro de 1939 estreias de gala nos cines Metro do Rio e de São Paulo, os primeiros do país dotados de ar condicionado e poltronas estofadas de couro. Coescrito por João de Barro e Mário Lago e dirigido por Ruy Costa (1909-1980), português de "mil instrumentos" – cineasta, autor de revistas teatrais, cenógrafo, engenheiro arquiteto, radialista e compositor (a marcha *Formosa*), também conhecido pelo pseudônimo J. Ruy – dispôs o filme de efeitos avançados para a época (pela primeira vez no Brasil usou-se a luz ultravioleta do expressionismo alemão) e foi rodado no mês de outubro de 1938 em um estúdio completo, incluindo escritórios e laboratórios, que Downey instalou em um armazém no centro do Rio (Av. Venezuela, 145). Abriu uma "trilogia de frutas tropicais" a ser completada pelo produtor com *Laranja da China* (1940) e *Abacaxi Azul* (1944), todos incluindo Lauro Borges no elenco.

Pelas mãos do mesmo Downey que os contratou dois anos antes para o *Programa Palmolive*, Lauro e Castro Barbosa fazem sua estreia no cinema: Castro comparece cantando *Amei Demais*, samba de sua autoria, e Lauro, além de representar um literato adepto de blagues, irradia, caracterizado, uma versão completa de *A Buzina*. Ou melhor, quase completa: o Departamento Nacional de Propaganda mandou suprimir o número em que, de bigodinho à Carlitos, Lauro fazia a correspondência alemã, *Buzinas Espepcial der Berliniss*, parodiando Adolf Hitler. Nem por isso deixou de receber, com Carmen Miranda, os únicos elogios nas pesadas críticas desferidas na imprensa contra *Banana da Terra*.

"Lauro Borges faz sorrir", escreve Mac Bir em *A Notícia*. "Seu humorismo é realmente fino, espontâneo, natural. Não rebusca encenações mirabolantes

---

* Segundo Jairo Severiano e Zuza Homem de Mello, op. cit., Carmen deveria cantar, no filme, *Boneca de Piche* e *Na Baixa do Sapateiro*, mas o compositor Ary Barroso pediu o dobro do preço acertado pela inclusão das canções e Downey, sem alterar os cenários e figurinos originais, substituiu os números respectivamente pela marcha *Pirolito* (com Carmen e Almirante pintados de preto) e *O Que é Que a Baiana Tem ?*, que depois gravou no disco em parceria com o compositor Dorival Caymmi (Odeon, 11.710).

nem se distorce em esgares e gestos duvidosos. Como verdadeiro humorista, a graça, pura e simples, nasce de seu espírito e vem à tona nas palavras e frases que fazem malabarismos incríveis nos trapézios de sua imaginação. Sua atuação agradou em cheio."[25] Sob o título "Uma Bananada", Ricardo Pinto, em *O Jornal*, reconhece em Lauro "um humorista que precisa de oportunidades" e em Carmen "uma revelação de fotogenia, desembaraço e beleza", para depois desancar o que sobra: "Afora os números desempenhados por Carmen Miranda e o alegre confrade de *A Buzina*, o tal *Banana da Terra* não passa de uma sucessão de bobagens idiotas, mal fotografadas e pessimamente gravadas. Não se aproveita nada nesse filmeco."[26] O crítico da *Folha Carioca*, oculto na abreviatura "C.R.", igualmente reserva seus elogios para Carmen e Lauro ("que se revelou um artista de possibilidades no cinema") e não poupa mais ninguém: "A gente fica num dilema terrível. Ou põe a culpa do fracasso no filme propriamente dito, ou na atuação dos astros e estrelas. Em *Banana da Terra*, a culpa deve ser dividida. A parte técnica é deficiente, a direção, muito pobre". Ataca Oscarito: "Indiscutivelmente um bom ator cômico no teatro, fracassou redondamente no cinema. Muito pouco fotogênico, sensaborão, forçadíssimo." E conclui: "Pesa-nos dizer que a nova produção nacional não tem a movimentação que devia, até porque se trata de um filme carnavalesco. Pelo contrário, parece mais uma dessas velhíssimas revistas teatrais."[27]

Nem as resenhas mais benevolentes concedem encômios a esse precursor das chanchadas da Atlântida. No *Jornal da Tarde*, outro cronista com o nome disfarçado ("R."), embora preveja "uma bilheteria garantidíssima para o cinema Metro", considera "ingênua a intriga, que realmente não objetiva grande coisa, a não ser o pretexto para um desfile de marchas, sambas e canções", e sugere por fim ao Sr. Downey "que saia do terreno dos filmes-revistas para nos dar películas mais consistentes". Mais uma vez, apenas Carmen e Lauro são motivo de agrado, "com números muito interessantes."[28] Igual tônica a do crítico (anônimo) de *A Notícia*: reconhece "um simples divertimento, muito bem sucedido no seu aspecto comercial", advertindo Wallace Downey "para que tenha maior cuidado na produção do roteiro de seus filmes vindouros". "*Banana da Terra* poderia e deveria ter um *script* mais caprichado. O transplantar para a tela de recursos já cansados em revistas musicais não deve vingar. Falta direção." Há na resenha uma curiosa comparação de Lauro Borges com Oscarito, mais tarde cultuado como um dos mestres da chanchada: "Oscarito está irremediavelmente mal. Faça-se um confronto entre a comicidade desse artista cheio de esgares e caretas, com a de Lauro Borges, espontânea e, por isso mesmo, melhor sucedida."[29]

PRV-8 Rádio X *esboçou em 1939 o estilo da* PRK-30, *reunindo pela primeira vez Lauro Borges e um certo Vasco Ferreira (aliás, Castro Barbosa).*

PRV-8 E MANDUCA

Até junho de 1939, Lauro Borges divide seu tempo entre a locução na Radiotransmissora, na parte da tarde, e o humorismo na Mayrink, em programas semanais à noite, todos de sua criação: *A Buzina*, *Nhô Neco Turista*, *As Aventuras do Félix*. Com Vasco Ferreira (Castro Barbosa), Dircinha Batista e Jorge Murad, participa ainda do *Programa Colgate-Palmolive*. Apreciando melhor o talento de Castro para desempenhar outros tipos além do português, tem então a iniciativa de formalizar um projeto que há tempos vem elaborando – projeto esse a conjugar os primeiros rudimentos do que viria a constituir a *PRK-30*: uma "estação clandestina" de meia hora, fazendo charge com os programas de rádio. Principal diferença: os locutores são caipiras, moda da época. Outra: o *script* é feito a quatro mãos, Castro Barbosa (ainda disfarçado de Vasco Ferreira) em sua estreia como redator de humor. Intitulado *PRV-8 – Rádio X*, o programa estreia na Mayrink em 27 de março de 1939 e se apresenta às segundas, às 21h15.

Teve curta duração: após seis meses na Tupi, Renato Murce assume a direção de *broadcasting* da Rádio Club (a primeira emissora a aceitar anunciantes, ponto de partida da era comercial da radiofonia brasileira) e seu plano de retomar atrações lançadas na Radiotransmissora requer a contratação de diversos humoristas, incluindo – além de Lauro e Castro – Sylvino Netto e Jorge Murad. Em 1º de julho de 1939, Lauro Borges é admitido com exclusividade na estação onde, quatro anos antes, tinha esboçado seus ensaios "de brincadeira" com *Hora Rubro-Negra*. Murce reapresenta então *Cenas Escolares*, agora programa autônomo (quando surgiu em 1936, na Radiotransmissora, era apenas quadro de *Hora Só... Rindo*), conservando os papéis originais – ele próprio como o inspetor "Dr. Leão da Metro", a *fessôra* "Dona Teteca" (Anamaria substituindo Vera Regina), o vascaíno "*Seu*" Ferramenta" (Castro), o aluno "Manduca" (Lauro, que também faz o gago "Fale Bem Ligeiro da Silva") – e introduzindo os novatos Pinguinho e Juvenal Fontes, com vinhetas musicais executadas por Benedito Lacerda e seu Regional.

Os tempos, porém, eram outros: em 10 de novembro de 1937 ficou implantada a ditadura do Estado Novo, com instrumento de censura de moldes fascistas, o DIP (Departamento de Imprensa e Propaganda), criado em 27 de outubro de 1939. Até *Cenas Escolares*, por ingênuo que parecesse, sofreu pressões. Professoras e a Associação de Pais de Família denunciaram ao DIP o que seria "uma contribuição à desordem e à falta de respeito nas salas de aula". No dia seguinte, *Cenas Escolares* constava da "lista negra" do DIP, como recorda Murce: "Foi um escândalo. Recebemos mais de mil cartas e telegramas, além de inúmeros telefonemas de protesto. Vários jornalistas escreveram sobre o assunto. Os jornais malharam essa censura. Diziam até que era educativo, pois às respostas estapafúrdias e disparatadas dos alunos, seguia-se a necessária correção e a explicação daquilo que fora arguido. Mas não desanimei: apresentei o programa transformado. Mudei o nome do programa para *Piadas do Manduca* e as aulas já não seriam mais em escola pública, mas em reuniões semanais na casa de uma professora aposentada, casada com um inspetor escolar. Depois de animado bate-papo, seguir-se-ia pequena aula noturna, pondo à prova a inteligência daqueles amigos e ex-alunos. 'Ah! Assim é outra coisa! Está muito bem, não atinge a ninguém!' – disseram os 'sábios' do DIP, e liberaram o programa. Mas era a mesma coisa! *Piadas do Manduca* foi ao ar e se manteve por 25 anos, sempre às 20h30 dos domingos."*

Já favorecido pela repercussão de *A Buzina*, Lauro Borges consegue ampliar seu público robustecendo "Manduca", como lhe saudou uma fã, com "bossa de garoto levado". Observou Lauro que constituía o personagem "a partir de frutos da observação diária, que eu presencio nas crianças." Mais essencialmente: "Ele é também o reflexo do gênio buliçoso dos meus tempos de calças curtas".[30] Veleidades poéticas animam o cronista Ed., de *O Globo*: "Um *enfant terrible*, terribilíssimo que todos fomos, que todos conhecemos, que todos vivemos. Um personagem evocativo, recapitulação feliz de todos os 'Manducas' da nossa infância, a lembrar, com suas calças curtas e sua capacidade inesgotável de fazer 'artes', entre gargalhadas, aquele 'Manduca' que dorme – ou que vadia – no fundo das saudades da aurora da nossa vida."[31]

* Renato Murce, *in O Globo*, 18 de outubro de 1981. O *cast* do programa, ao longo de sua duração, sofreu naturalmente mudanças: entrariam, por exemplo, Sarah Nobre ("Dona Lindoca", a dona da pensão), Sebastião Leporace (o hipocondríaco "Major Targino"), Diola Silva (a empregada "Minervina"), Brandão Filho (o caipira "Coronel Fagundes"), Alfredo Viviani (o "Turco"). Entre as que substituíram Anamaria no papel da *fessôra*, Ligia Sarmento e Alda Verona.

LARANJA DA CHINA

1º de setembro de 1939: a Alemanha nazista invade a Polônia, deflagrando a II Guerra Mundial. Nos estúdios da Sonofilmes, no Rio, depois de *Banana da Terra*, Wallace Downey produz o segundo filme-revista de sua "trilogia de frutas tropicais", *Laranja da China*, dirigido igualmente por Ruy Costa, com Dircinha Batista, César Ladeira, Grande Otelo, Francisco Alves, Orlando Silva, Alvarenga e Ranchinho. Ausente desta vez Castro Barbosa, cabe a Lauro Borges interpretar, de óculos, barba e bigodes, um cientista louco, "Professor Von Salchich", de Viena. Em companhia de seu aloprado servente, "Boneco de Piche" (Otelo), "Von Salchich" pretende fazer experiências com um pacato cidadão, "Ferdinando Flores" (Barbosa Júnior), casado com "Dona Perpétua" (Nair Alves). Temeroso de que a filha "Camélia" (Dircinha Batista) se case com um cantor de rádio, "Arnaldo" (Arnaldo Amaral), "Ferdinando" acaba perdendo a cabeça ao comprar coelhos vendidos por "Boneco de Piche", nos quais "Von Salchich" inoculou o "micróbio do samba".

"A minha apresentação em *Banana da Terra* agradou tanto os espectadores que fui convidado a colaborar no novo componente da 'salada' da Sonofilmes", disse Lauro. "Uma vez que, ano passado, fizeram a *Banana da Terra* com cascas e tudo, e este ano a *Laranja da China*, que é um suco, para 1941 estou preparando um argumento que deve se intitular *Manga Espada* ou *Fruta do Conde*." O projeto não foi efetivado, mas, curiosamente, deixou clara sua preferência pelo cinema, onde não fez carreira (figurou em apenas quatro filmes), e seu pouco apreço pelos espetáculos ao vivo: "Posso dizer que, no cinema, tenho mais liberdade e naturalidade do que no palco. Na ribalta, os movimentos ficam tolhidos pela emoção. É a contragosto que participo de festivais radiofônicos e espetáculos teatrais."[32] Quando *Laranja da China* estreou em 12 de janeiro de 1940, nos cines São Luiz e Odeon, no Rio, sem o mesmo alarde promocional dedicado pela MGM a *Banana da Terra*, Lauro voltou a passar incólume pelas resenhas da época, que o elegeram o único sustentáculo de um filme, de resto, mal acolhido como o precedente.

"Lauro Borges merece as honras do espetáculo. Um excelente cômico que não precisa recorrer a palhaçadas e gestos forçados para fazer rir. Conserva um nível sempre igual de interpretação e nunca perde a linha. É a melhor coisa do filme". O entusiasmo do cronista anônimo de *Cine-Rádio Jornal* logo se dilui em prédicas puritanas: "O enredo é nocivo e forte para as massas. As apologias ao malandro, ao ladrão, à farra, embora provoquem estrondosas

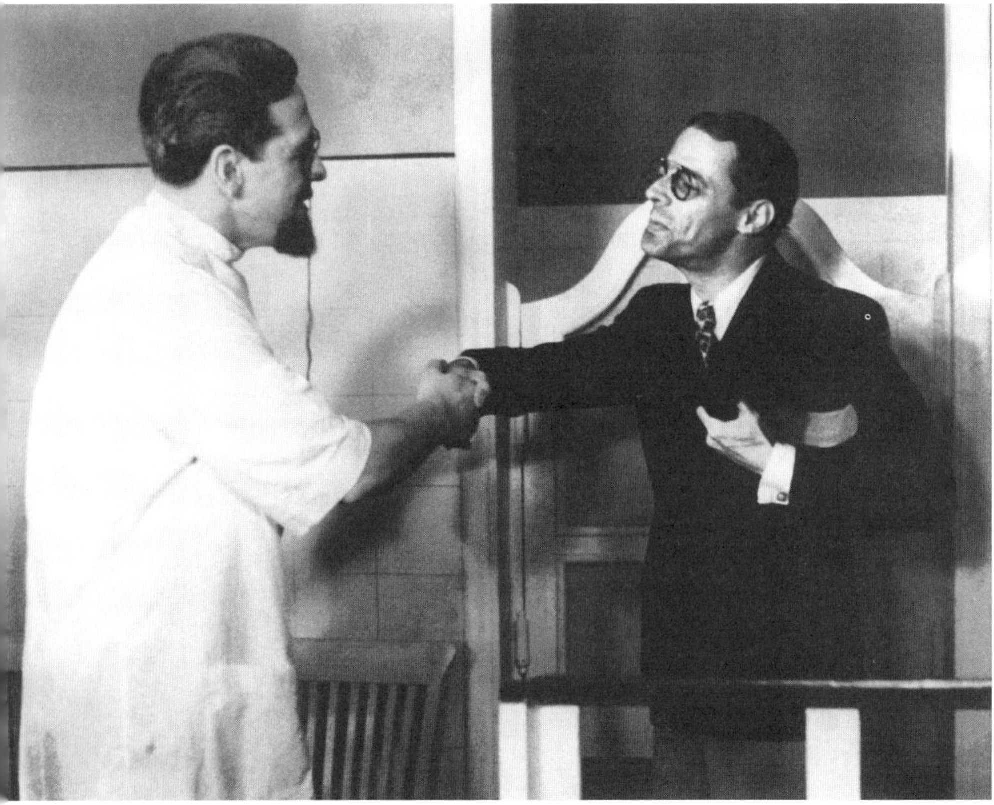

De barba, como um cientista louco, Lauro Borges contracena com Barbosa Júnior em Laranja da China *(1940).*

gargalhadas, são avessas aos mais rudimentares princípios da moral. O cinema, que tem grande influência sobre o povo, deve ser utilizado como arma educativa e não destruidora de conceitos morais. Esse é um ponto que deve ser longamente meditado pelos produtores brasileiros, que devem evitar as chanchadas, próprias para os teatros da Praça Tiradentes, encarando com mais cuidado o grande auxílio que o cinema poderá oferecer à educação do povo. Precisamos fazer filmes mais elevados, com material literário mais apropriado."[33] Hélio Silva, em *O Cruzeiro*, concorda que "Lauro Borges, muito bom, está impagável como o 'Professor Von Salchich', de Viena." Quanto ao restante: "Mais uma vez se verifica que a palavra 'cinematografia' ainda é confundida pelos nossos produtores com sequências tolas, filmadas sem nexo nem noção de continuidade. *Laranja da China*, como os anteriores filmes da série Wallace Downey, não tem enredo propriamente dito, nem direção."[34] O cronista que se assina "G.", no *Estado de S. Paulo*, pensa, ao contrário, que o filme "dispõe de assuntozinho que se desenrola com certa logicidade, tem pelo menos um argumento, uma razão de ser, o que não ocorria em *Banana da Terra*." Concorda que há "falta de continuidade, descaso de linguagem, luz exagerada, figuras dispensáveis no elenco", e conclui até que "é bastante engraçado, dando margem a *gags* mais ou menos novos e justificando, por sua natureza musical, a intromissão constante de números de canto e danças carnavalescas."[35] No *Diário da Tarde*, de São Paulo, a resenha de E. Nogueira começa afirmando que *Laranja da China* "é cheio de situações interessantes, acrescido de uma música alegre e comunicativa", e que "o enredo foi bem encadeado, permitindo aos intérpretes certo desembaraço ao viverem cada um o seu papel". Mas depois muda de tom: "Pela pequenez dos espaços em que se desenrolam as cenas, a câmera tem um movimento quase fixo e, por isso, não permite variedade de ângulos. A direção, como sempre, é fraca, coisa que, aliás, não é novidade. A fotografia, visivelmente pobre."[36]

O mesmo E. Nogueira critica a propaganda de lançamento do filme por destacar o nome de Carmen Miranda, a seu ver "apenas um recurso para aumentar a metragem da película". O caso era pior ainda: na verdade, o número de Carmen, *O Que é Que a Baiana Tem?*, foi tirado de *Banana da Terra*. A atriz já estava na Broadway desde maio de 1939 e, em 26 de dezembro, gravou nos EUA seu primeiro disco, *Mamãe Eu Quero*, a seguir inserido em sua estreia hollywoodiana, *Serenata Tropical (Down Argentine Way)*. Por outro lado, passou despercebido na imprensa da época a maior novidade de *Laranja da China*: Dircinha Batista e Arnaldo Amaral dão, frente às câmeras, o primeiro beijo na boca do cinema brasileiro.

São cinco anos de Lauro Borges na Rádio Club (1939-1944), onde praticamente desfruta de carta branca para desenvolver suas criações ("Nhô Neco", "Félix Felixdoro", "Yamagata", "A Severíssima"), com pleno apoio de um grande admirador, o próprio diretor artístico da emissora, Renato Murce. Além de "Manduca" em *Cenas Escolares* (a partir de 1943, *Piadas do Manduca*), seu já famoso radiojornal *A Buzina* faz a *rentrée* em 5 de abril de 1940, anunciado como "a maior revelação do poder imitativo de uma criatura humana!". Embora confesse "minha ojeriza pelos folguedos de Momo", Lauro ainda arranja tempo para gravar seu primeiro disco, por insistência do concunhado Cristóvão de Alencar. Nos estúdios da RCA-Victor, em 12 de novembro de 1940, acompanhado pelo coro infantil da Rádio Guanabara, faz a voz de "Manduca" para cantar a marcha *Vovô Não Gostava de Carnaval*, composta por Cristóvão em parceria com Eratóstenes Frazão. A popularidade de "Manduca" garante sucesso de vendagem. A letra:

> Vovô não gostava de carnaval. / E, quando ouvia um samba, até passava mal. / Um dia, eu não sei o que aconteceu. / Vovô saiu de casa e desapareceu. / Só voltou na quarta-feira de madrugada, / cantando alegre uma batucada. / Quando vovô chegou, / vovó ficou aflita e desmaiou. / Vovô então chamou vovó de rabugenta. / Gritou! gritou! gritou!, e disse assim: / Agora é pra mim! Agora é pra mim! / A vida começa aos sessenta!*

Na inauguração do novo auditório da Rádio Club, no terceiro andar do Edifício Cineac, centro do Rio, em 22 de janeiro de 1941, Lauro é aclamado por uma edição de *As Aventuras do Félix*, contracenando com Vasco Ferreira (Castro), Murce e Olga Nobre – segundo *O Globo* "o melhor momento desse espetáculo de seis horas de duração, em que desfilaram todos os grandes astros da PR-3."[37] Outro *show* da Rádio Club realiza-se no Botafogo Futebol Clube, em 22 de novembro, e, desta vez, Lauro se destaca, além de "Félix", com

---

* Ver discografia completa de Lauro Borges no Apêndice. Sem contar pequena participação não creditada na marcha *China Pau*, interpretada por Castro Barbosa, Lauro gravou ao todo oito discos em 78 rpm, com 15 músicas (das quais onze em parceria com Cristóvão de Alencar), entre novembro de 1940 e dezembro de 1949. Em sete deles faz a voz de "Manduca" e, uma vez cada, "Nhô Neco", "A Severíssima" e "Yamagata".

Show de atrações da Rádio Club, produzido por Renato Murce no Teatro Carlos Gomes. Castro e Lauro ladeam Grande Otelo.

De outubro de 1942 a setembro de 1944, na Rádio Club, PRK-20 *antecipa o estilo da* PRK-30. *O elenco no cartaz de propaganda: Del Mundo, Castro Barbosa (sob o pseudônimo de Vasco Ferreira), Renato Murce, Lauro Borges e Jorge Murad.*

um quadro de *A Buzina* e outro de *Piadas do Manduca*, coencenado por Murce, Vasco, Juvenal Fontes, Anamaria e Pinguinho. No meio tempo, em outubro de 1941, Murce estreia outro de seus projetos, *Clube do Lero-Lero*, que ele mesmo supervisiona e é irradiado às 19h das sextas-feiras. Como em *PRV-8 – Rádio X*, da Mayrink Veiga, Castro Barbosa também redige o *script* com Lauro. Ainda com pseudônimo de Vasco Ferreira, interpreta o "Comendador Megatério", no quarteto completado por Jorge Murad e Juvenal Fontes.

Clube do Lero-Lero sai da programação em abril de 1942. Três meses antes, Castro revela pela primeira vez propósitos de dedicar-se mais ao humorismo radiofônico do que à música: "Deixarei com satisfação meu lugar de cantor para qualquer outro elemento novo que deseje ocupá-lo, para me dedicar exclusivamente ao humor."[38] Admitia a influência do amigo Lauro Borges: já em 1942, o criador de *A Buzina* era considerado "o cartaz mais popular do rádio brasileiro", mas também detinha outro título invejável – era "o humorista mais bem pago do país, percebendo 8 mil cruzeiros de salários da Rádio Club."* E nem havia ainda personificado o personagem que o acompanhou até o fim da carreira: o pernóstico e bronco locutor "Otelo Trigueiro", da *PRK-30*.

"Otelo" nasce logo a seguir em um novo quadro que oferece, em estado embrionário, a estrutura e o estilo da *PRK-30*: uma espécie de "emissora clandestina" chamada *PRK-20* (com o subtítulo *Zóio D´Água, 200 Velocipe na Antonia, 500 Kilovate na Onda*), irradiada como quadro do programa *Sorrisos Colgate*, com Lauro, Vasco Ferreira (Castro), Renato Murce, Jorge Murad e Del Mundo, acompanhados pela Orquestra Fon-Fon e o Regional de Benedito Lacerda. *PRK-20* estreia em 8 de outubro de 1942 e permanecerá no ar quase dois anos, até 29 de setembro de 1944, sempre às 21h15 das terças-feiras.** Sua concepção assemelha-se à da futura *PRK-30*: uma "rádio dentro do rádio", caricaturando todos os elementos de uma pauta convencional de radiofonia – incluindo novelas, transmissões esportivas, anúncios, programas de calouros (como *Papel Carbono*, do próprio Murce, criado em 1940 e no ar por 28 anos), poesias, reportagens jornalísticas. Explicou Lauro: "Na *PRK-20*, crítica amável ao ambiente radiofônico, procuramos, sem maldade, injúria, calúnia ou ofensa, focalizar em *sketches* os ridículos e os pontos fracos de determinados elementos do rádio."[39]

---

* *A Notícia*, 12 de julho de 1942. O cruzeiro substituiu o réis em 1942 e perdurou até 1968, quando surgiu o cruzeiro novo.

** Ver *script* do programa de estreia da *PRK-20* no Apêndice.

Assim que Del Mundo sai da Rádio Club e Murad passa a fazer *Pensão do Salomão*, Murce resolve confiar *PRK-20* exclusivamente a Lauro Borges (que, além de "Otelo", o *espícler*-chefe, interpreta mais quatro personagens) e Castro Barbosa (ou melhor, ainda Vasco Ferreira, no papel de "Megatério Nababo d´Alicerce" – apresentado aqui como "comendador" e "grande capitalista", proprietário e presidente da "estação", características que perderá depois – e mais dois outros papéis). "Eu estava muito assoberbado de serviço (tinha que fazer, ensaiar e apresentar nove programas por semana) e achei a dupla Lauro & Castro, pela sua versatilidade (do Lauro principalmente), preparada para, imitando várias vozes, fazer a *PRK-20* sem a minha participação", lembra Murce. "Os dois artistas se saíram muito bem, com grande sucesso."[40]

Nunca deixando de recorrer a todos os (parcos) recursos de promoção e divulgação da mídia antes do aparecimento da TV no país, Renato Murce começou o ano de 1943 organizando no Teatro Carlos Gomes, centro do Rio, um *show* de atrações da Rádio Club, com humor e números carnavalescos, às 20h45, sábado, 7 de fevereiro, reapresentado na noite seguinte. "A contragosto", como confessa, a cronista Mag., do *Diário de Notícias*, aceitou o convite e, na plateia, assistiu ao espetáculo que classificou como "quase sempre detestável", com duas exceções: "Felizmente, o programa contou com a estupenda colaboração de Lauro Borges – ele e a marchinha *China Pau*, cantada por Castro Barbosa, a mais interessante de quantas já apareceram para o próximo carnaval."[41]

Assim, o que sempre acontecia, Lauro Borges e Castro Barbosa se livraram, geralmente como únicas exceções, de todas as críticas menos indulgentes aos espetáculos de que tomaram parte, no rádio, em *shows* e também no cinema. *Abacaxi Azul*, terceira e última comédia carnavalesca da Sonofilmes, fechando sua "trilogia de frutas tropicais" (aqui em coprodução com a Cinédia), confirmou a regra. O próprio produtor Wallace Downey começou a dirigi-la, em outubro de 1943, substituído depois pelo roteirista Ruy Costa, que a finalizou. No carnavalesco *all-star cast* (Dircinha Batista, Dercy Gonçalves, Dorival Caymmi, Alvarenga e Ranchinho, Benedito Lacerda e seu Regional), Lauro Borges, presente nos três filmes, contracenava pela segunda e última vez na tela com o parceiro Castro Barbosa (que figurou em *Banana da Terra*, mas não em *Laranja da China*) – e ambos, novamente, foram os únicos excluídos da impiedosa indignação com que a imprensa, depois da estreia em 14 de fevereiro de 1944, acolheu essa "colcha de retalhos" (conforme o cineasta Humberto Mauro em *A Cena Muda*), "um dos piores filmes que o nosso cinema já apresentou" (na opinião do anônimo cronista do *Correio da Manhã*).[42]

Lauro e Castro prefiguram a parceria da PRK-30 *no filme* Abacaxi Azul *(1944), terceiro e último título da "trilogia de frutas tropicais" do produtor Wallace Downey.*

Como pretexto para seu desfile de números musicais e humorísticos, praxe na trilogia, *Abacaxi Azul* faz da dupla caipira Alvarenga e Ranchinho uma sociedade no comando de uma estação de rádio do interior que, no Rio de Janeiro, tenta contratar um grande elenco de sua predileção – logo, uma simples variante das precedentes "frutas tropicais". Dois números de Dorival Caymmi, *Vestido de Bolero* (com os Anjos do Inferno) e *Acontece que Eu Sou Baiano* (com o próprio), passaram em branco, porque os únicos elogios se concentraram em Lauro (no papel de um médico alemão) e em sua paródia a *Tico-Tico no Fubá* (1931), de Zequinha de Abreu: *Tic-Tic Dans le Fubê*, Lauro travestido de Lucienne Boyer, atriz francesa com passagens pelo Cassino da Urca.*

PRK-30: ORIGENS

PRK-30 começa a delinear-se quando Lauro Borges, interrompendo por dois anos suas relações profissionais com Renato Murce, encerra o contrato de exclusividade com a Rádio Club, em 31 de julho de 1944. Irrecusável a proposta da Mayrink Veiga – um salário mensal de 10 mil cruzeiros, com total liberdade de criação –, ele retorna em 1º de setembro à emissora da qual viera em 1939 e onde lançou *A Buzina* e *PRV-8 – Rádio X*, primeiro rascunho da vindoura *PRK-30*. "Em agosto de 1943 e em fevereiro deste ano, por motivos de interesse particular, tentei rescindir meu contrato com a Rádio Club, de maneira amigável, embora pagando eu, para isso, a multa estipulada", explicou. "Vendo, porém, que não conseguiria meu intento sem questionar, resolvi esperar até aqui".[43] Tinha a ver a impaciência com a fama conquistada em menos de dez anos de carreira no rádio: o talento por todos reconhecido abria maior campo a seu toque pessoal na concepção de novos projetos e personagens, sem deixar de aproveitar o que de melhor havia feito até então. Na essência, Lauro Borges mudou-se para a Mayrink Veiga com a intenção de reunir em um único programa, de sua plena autoria, elementos antes dispersos em suas várias participações no humorismo radiofônico: o plano mais pessoal e definitivo, que era a *PRK-30*.

Suas cordas vocais estavam bem afinadas para executar à perfeição solos de 25 tipos totalmente variados (segundo "estatística" de Castro Barbosa).

---

* A personagem chama-se "Lucienne Boié Granbezèrre" e participará da estreia da *PRK-30* em 19 de outubro de 1944. Ver no Apêndice o *script* deste programa, onde consta a letra da canção.

Com dotes tão fenomenais, já tinha sido "Manduca", a correspondente de *A Buzina*, "Srta. Mariuccia Capatosta", o comendador "Alcebíades Molenga da Fóz", o caipira "Nhô Neco", o gago "Félix Felixdoro", o professor "Yamagata", o "Dr. Abranches Stotum da Silva", a "Mademoiselle Sorvéte", "Alex von Secca" e outros senhores e senhoras, velhos e novos, homens e animais, adultos e crianças, brasileiros e estrangeiros de todo o mundo. "Sou enormemente observador", sublinhou. "A cada vez que converso ou me encontro perto de um alemão, um italiano, um português, estou prestando atenção às suas maneiras e colhendo material para meu trabalho. Tenho essa facilidade de imitação desde criança. É um dom natural."[44]

Entre Lauro e Renato Murce havia amizade e mútua admiração, mas os dois discordaram nos jornais assim que Lauro anunciou seus propósitos de dar continuidade, na Mayrink, ao "Manduca" e à *PRK-20*: "O 'Manduca' é um tipo criado por mim. Depois, então, criaram-se programas para o 'Manduca'. Antes de ingressar no rádio eu já fazia o 'Manduca' nas festas de arte de que tomava parte como amador. Assim sendo, seria absurdo deixar de apresentar esse personagem."[45] No dia seguinte, entre elogios à "grande arte de Lauro Borges", Murce publica no mesmo diário a "retificação de um pequeno engano": "Não é verdade. O 'Manduca' é uma criação minha, como são criações minhas todos os personagens dos programas que idealizei e venho escrevendo há longo tempo. Você, incontestavelmente, deu ao 'Manduca' uma vivacidade ímpar, tornando-se mesmo inigualável o seu desempenho. Daí a dizer-se o criador do personagem há um erro que deve ser desfeito."[46] A tréplica de Lauro sai logo a seguir: "Fui mal compreendido. Eu já fazia o mesmo personagem em 1927, quando jogava futebol no Botafogo, e meus colegas de time são testemunhas disso. O personagem não tinha nome certo: podia ser 'Juquinha', 'Pedroca', 'Toneca', às vezes 'Manduca' mesmo. Imitava o garoto no vestuário ou nas reuniões do clube, com a mesma voz, as mesmas características, a mesma psicologia do terrível 'Manduca', do programa hoje tão bem escrito e melhor dirigido por você."[47] No seu entender, Murce apenas batizou o personagem com o nome "Manduca": "Você é somente o padrinho". De sua parte, Murce garante que o "Manduca" continuará em *Piadas do Manduca*, com outro intérprete, na Rádio Club – o que de fato se deu. Quanto a Lauro, manteve o indisciplinado garoto na pauta da *PRK-30*, inclusive no programa de estreia.

Escreve Murce em sua autobiografia: "Os primeiros *PRK-20* eu ainda escrevi. Depois, entreguei-lhes (a Lauro e Castro) a incumbência total de escrever, ensaiar e interpretar."[48] Ao contrário, afirma Lauro: "*PRK-20* é um programa de minha absoluta criação." E informa que *PRK-20* – considerado por Murce "o predecessor da *PRK-30*" – "reaparecerá na Mayrink com o mesmo feitio e características que eu lhe vinha dando, apresentando ainda todos os personagens do meu jornaleco *A Buzina*."[49] Ficaram as discordâncias por isso mesmo, mas havia dois problemas: Lauro não podia manter o título do programa (registrado pela Rádio Club) nem contar de imediato com Castro Barbosa, cujo contrato com a PRA-3 estendia-se até 28 de fevereiro de 1945. Como solução, Lauro aumentou os quilociclos do título – com o *slogan* de propaganda "dez pontos acima", seria agora *PRK-30* – e saiu à cata de um substituto provisório para o parceiro.

O convite foi feito a um veterano ator de teatro, Pinto Filho (1889-1973), que aceitou contracenar com Lauro apenas por um período de seis meses, durante as primeiras 24 apresentações do programa – não, porém, como o "Megatério", papel reservado a Castro. Seu personagem era outro português, "Chouriço de Moraes". O sotaque lusitano, aprimorou-o Pinto Filho (Oscar Pinto de Souza) ao substituir um dos atores portugueses na revista *De Capote e Lenço*, apresentada em turnê nos anos 30 por uma companhia de Lisboa no Teatro Apolo, do Rio. Antes disso, no início da década de 1910, atuou no picadeiro dos circos Brasil e Spinelli, estabelecendo dez anos depois sua própria companhia de revistas, com a qual encenou o *show* de Luis Peixoto e Marques Porto, *Guerra ao Mosquito*, sucesso de bilheteria no Teatro Carlos Gomes, no Rio, em 1929. Ator no filme *Alô, Alô Carnaval* (1935), de Adhemar Gonzaga, Pinto Filho morreu aos 84 anos, em Higienópolis, esquecido e na pobreza.

Na Rádio Club, Renato Murce ainda mantém audições da *PRK-20* e, em 29 de setembro de 1944, recorre a um novo humorista, José Vasconcelos, para o papel de "Otelo Trigueiro", com Castro Barbosa no "Megatério". De acordo com a *Folha Carioca*, "o público que lotava o auditório ficou decepcionado": "O tipo criado por Lauro Borges é insubstituível. Andaria certa a direção da PRA-3 se criasse outro personagem, ao invés de programar uma nova edição, revista e piorada. Faltam a José Vasconcelos a espontaneidade, o saber dizer, os recursos das inflexões, um profundo conhecimento do público, que eram de Lauro."* *PRK-20* expirou naquela noite. Vinte dias depois vinha à luz seu rebento, o mais desenvolto e mais pródigo *PRK-30*.

---

* *Folha Carioca*, 2 de outubro de 1944. Dez anos mais tarde, José Vasconcelos, já experiente, viria a imitar com precisão não só "Otelo Trigueiro", como também "Megatério", Maria Joaquina" e os tipos eventuais da *PRK-30*, em uma paródia de 11 minutos que interpretou no programa *Turbilhão de Alegria*, pela Rádio Tupi de São Paulo, em 12 de outubro de 1954.

PRK-30: ESTREIA

19 de outubro de 1944: estreia *PRK-30*, às 21h de uma quinta-feira, pelas ondas da Mayrink Veiga.* Dividem o microfone "Otelo Trigueiro" (Lauro Borges) e "Chouriço" (Pinto Filho). Somente na 25ª apresentação, em 16 de abril de 1945, Castro Barbosa irá ocupar seu papel de "Megatério Nababo d´Alicerce", abandonando de vez o pseudônimo de Vasco Ferreira.** Bem definida já está a forma do programa, quase inalterada no percurso de duas décadas – trajetória a ser cumprida com variados patrocinadores por nada menos que sete emissoras de rádio (quatro do Rio de Janeiro, três de São Paulo). E sempre deixando uma dúvida em seus ouvintes: cartas em profusão indagavam quantos e quais eram os astros e estrelas que nele se exibiam. Poucos acreditavam que *PRK-30* pudesse ter apenas dois intérpretes, e ninguém sabia que Lauro Borges, responsável pelo *script*, forjava suas criaturas a partir de meras impressões cotidianas: um rapazinho negro, contumaz em escrever poemas de amor às moças de sua rua, inspirou a figura de "Otelo Trigueiro" e as folias poéticas do Boa-Noite; um português do bar da esquina, gordo e bigodudo, serviu de modelo para o "Megatério"; uma vizinha portuguesa metida a entoar fados e que lhe castigava a paciência implorando por uma chance no rádio deu origem à "Maria Joaquina Dobradiça da Porta Baixa".

O programa de estreia de *PRK-30* foi saudado com entusiasmo pela imprensa da época. Ganhou a cotação máxima (cinco estrelas) da *Folha Carioca*: "Lauro Borges se conduziu admiravelmente, confirmando seu cartaz de maior humorista do 'sem fio' indígena. Esteve impecável. Alcançou enorme sucesso nas paródias dos textos de publicidade, principalmente nos dizeres da propaganda de magnésia, cujo texto foi muito bem preparado – quando, depois de ter encerrado os trabalhos da pitoresca difusora, voltou novamente para ler o texto de que tinha se esquecido. As imitações da cantora parisiense interpretando *Tic-Tic Dans le Fubê* e da fadista expressando suas mágoas no fado do circo de cavalinhos foram bem defendidas. O pedantismo da cançonetista francesa e os arroubos sentimentais da 'Maria Joaquina Dobradiça da Porta Baixa' mereceram uma grande salva de palmas do auditório e pedidos de bis. 'Manduca' – primeiro e único, como foi anunciado por César Ladeira – compareceu ao desfile inaugural, entoando um sambinha de Assis Valente. Enfim,

---

* Ver *script* do programa de estreia da *PRK-30* no Apêndice.

** Ver *script* do programa de estreia de Castro Barbosa no Apêndice.

um belíssimo espetáculo, que agradou cem por cento." O substituto provisório de Castro Barbosa também impressionou o crítico anônimo: "A surpresa dessa audição pertence ao ator Pinto Filho, que saiu-se às mil maravilhas no papel de 'Chouriço'. Soube viver o companheiro de 'Otelo Trigueiro' com muita vivacidade, contracenando admiravelmente com Lauro Borges. Deu as suas 'bolas', colocou os seus 'cacos' com muita propriedade. Trabalhou como se fosse um velho companheiro, sincronizando perfeitamente as suas falas, seguríssimo nos *sketches* e esplêndido na leitura dos textos publicitários. Até que enfim a direção artística da PRA-9 achou lugar para um cômico de recursos esplêndidos, como é o impagável Pinto Filho, criador de tantos sucessos no nosso teatro de revista." [50]

Em *O Globo*, Sodré Vianna começa maldizendo a "pobreza de humoristas no rádio brasileiro, pois o que por aí se rotula disso não passa de um conjunto de palhaços insossos, que, em lugar de divertir, compungem pela ausência completa de espírito." Quanto à *PRK-30*, só elogios: "Mas existem artistas que salvam o gênero. Entre eles, o senhor Lauro Borges, com a sua *PRK-30*. Lauro serve-se do microfone para provocar gargalhadas. E consegue-o, magistralmente. Porém, como verdadeiro valor que é, não se contenta com este resultado imediato. Por detrás de seu propósito aparente de causar hilaridade, realiza todo um trabalho de demolição dos processos vulgares de que ainda se lança mão em nosso meio para fazer *broadcasting*: a terrível confusão de anúncios, o entusiasmo mercenário na adjetivação dos produtos, as notas sociais endeusando ilustres desconhecidos, a sub-literatura na apresentação de artistas, tudo isso ele caricatura e estigmatiza com soberba destreza. Aos que escutam com frequência determinadas estações não passarão despercebidas, mesmo, algumas sátiras diretas que a *PRK-30* lhes atira, causticando tolices e cacoetes. E Lauro o faz sem apelar para a grosseria, sem perder a sua dignidade de homem educado." Sodré Vianna compara Lauro Borges a Aporelly, do jornal *A Manha*, que ironizava o provincianismo de certa imprensa e atacava "a arrogante nulidade de caudilhos políticos", para arrematar: "A *PRK-30* é uma criação divertidíssima e útil. A PRA-9 está de parabéns. Pode dizer que tem um humorista. E até dizer que tem um *grande* humorista." [51]

Mas não chegou a completar dois anos a permanência de Lauro na Mayrink Veiga. Em 1º de setembro de 1946 a emissora transmitia seu último programa da *PRK-30*. Uma semana depois, Lauro Borges e Castro Barbosa faziam as malas, novamente motivados por um convite de Renato Murce, que se confessava "encantado pela grande arte da *PRK-30*" – a essa altura, já o pro-

Veterano do teatro da revista e de espetáculos circenses, Pinto Filho fez dupla com Lauro Borges durante os primeiros seis meses da PRK-30, no papel do português "Chouriço de Moraes"

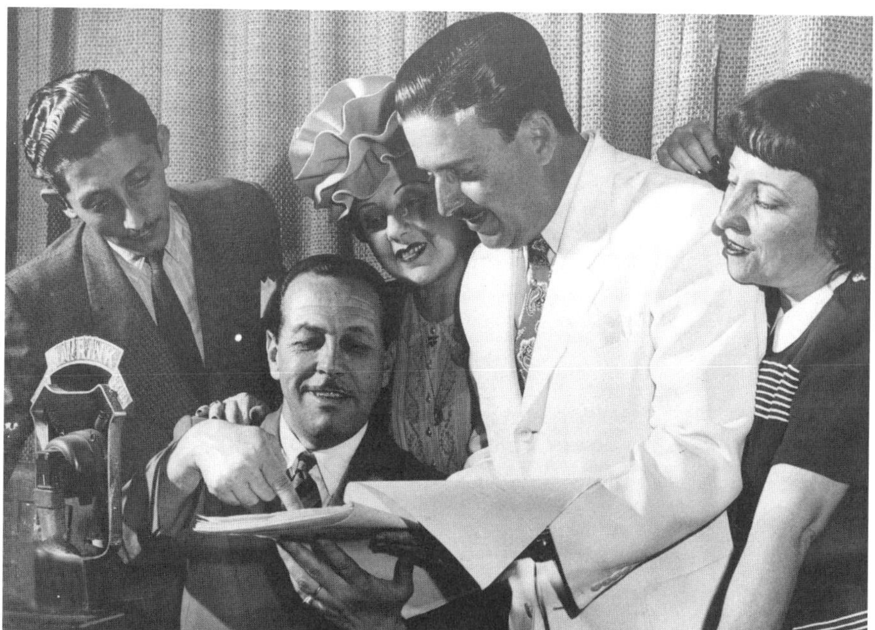

Já aclamado como o programa de humor de maior sucesso do broadcasting *nacional,* PRK-30 *agita os bastidores da Rádio Mayrink Veiga, em 1946, antes da "fase de ouro" da Rádio Nacional.*

grama de humor mais famoso do *broadcasting* nacional. Murce tinha deixado a direção artística da Rádio Club e, em julho de 1945, assumido o cargo na Rádio Nacional, que agora se impunha como a mais importante do país. No dia 15 de setembro de 1946, os dois artistas eram admitidos na nova estação. Começava a "fase de ouro" da *PRK-30*.

PRK-30 NA RÁDIO NACIONAL

Prodígio cultural e fenômeno de massa, ostentava a Rádio Nacional do Rio (PRE-8) o monopólio de audiência em radiotransmissões e influía na vida social como disseminadora de informações e oportunidade de entretenimento e lazer, ainda longe dos domínios da TV, reunindo o melhor elenco de atores, dramaturgos, músicos, cantores, jornalistas e criadores de humor. Inaugurada em 12 de setembro de 1936 pela empresa jornalística A Noite (de 8 de março de 1940 até o fim do Estado Novo passou ao governo federal, que incorporou por encampação todo o seu patrimônio), a Nacional, pelos dados do Ibope,[52] chegou a deter, em julho de 1944, no Rio de Janeiro, 64.0 pontos de audiência, contra apenas 10.4 da segunda colocada, a Rádio Tamoio. O *Anuário do Rádio* de 1950 informa que todos os cantores prediletos do público concentravam-se na PRE-8: Orlando Silva, em primeiro lugar, com 15%, Francisco Alves (14%), Sílvio Caldas (13%), Emilinha Borba (11%), Vicente Celestino (9%) e Carlos Galhardo (6%). Seu *cast* incluía César Ladeira, Almirante, Paulo Gracindo, Floriano Faissal, os maestros Radamés Gnatalli e Lyrio Panicali, Barbosa Júnior, Manoel Barcelos. Lembra Renato Murce que a Nacional só perdia para as suas produções na Rádio Club, nos horários de *Alma do Sertão*, *Piadas do Manduca* e *Papel Carbono*. "Os executivos da Nacional fizeram de tudo – contrataram humoristas, puseram todo mundo. Não adiantou. O jeito foi nos contratar."[53]

Como de hábito, levou Murce para sua nova emissora, comandada por Victor Costa, programas que produziu e elencos com que trabalhou em outras estações. Arquivou a *PRK-20* e admitiu a vantagem de contar com a repercussão popular e a esmerada criatividade da *PRK-30*. "Unicamente por questões financeiras", confessou Lauro Borges, explicando a transferência do programa para a Nacional, onde a *PRK-30*, dispondo de mais recursos técnicos e vastas audiências, desfrutou de sua plenitude durante quatro anos (1946/1950). O jornal *A Noite*, da mesma organização, promoveu campanha publicitária para o lançamento do programa na PRE-8: "É fácil imaginar o mundo de sensações que encerrará essa estreia. Será uma verdadeira bomba cômica!" [54] Durante três dias seguidos, o jornal publicou o que seria uma "série de reportagens" sobre o suposto "desaparecimento de 'Otelo Trigueiro', o Casanova das ondas sonoras", oferecendo prêmio de 4 mil cruzeiros a quem informasse seu paradeiro. Uma "carta anônima" traz foto de "Otelo" fantasiado de caçador, com óculos, barbicha, chapéu de explorador colonial britânico, lenço no pescoço, polainas e botas, fumando cachimbo e perdido na Serra da Mantiqueira. De chapéu de campanha e bigodões, "Megatério" anda à sua procura. *A Manhã* também entra na brincadeira, com nove fotos da "encenação" em página dupla.[55]

PRK-30 estreia na Rádio Nacional em 27 de setembro de 1946. Artistas da Mayrink Veiga, que lançou o programa, comparecem para prestigiar a volta de "Otelo" e "Megatério" às 20h30m dessa sexta-feira, superlotado o auditório de 486 lugares no 21º andar do edifício A Noite, na Praça Mauá, centro do Rio.* Lauro Borges e Castro Barbosa fazem o espetáculo ao vivo, transmitido para todo o país pela PRE-8 com seu equipamento de 22 kw, ondas curtas – como será durante quatro anos, no mesmo horário e dia da semana, quando a nação fica "paralisada" junto aos receptores e grandes filas se formam nos elevadores da emissora para a disputa de vagas na plateia.

A empatia popular da *PRK-30* cresce a cada edição do programa e desencadeia uma ascensão no Ibope sem precedentes até então. Começando com menos de 30% de aparelhos ligados, a "estaçãozinha clandestina" de Lauro Borges não custa a atingir a liderança de audiência entre os programas da Nacional e do rádio carioca, sendo ouvida já em 1947 por cerca de um milhão de pessoas, quase a metade da população do Rio na época. Os índices da *PRK-30* chegam a 34,8% em julho de 1947, sobem para 38,3% em agosto, 39,7% em setembro e 48,7% em outubro – até bater o recorde do rádio carioca, com 52,5% em novembro, fechando o ano com 50,1% em dezembro.[56] Era também o apogeu da Nacional: em 1947 havia 13 emissoras de rádio no Rio de Janeiro, cabendo à PRE-8 um faturamento anual de 50 milhões de cruzeiros, enquanto a Tupi atingia apenas a metade, 24 milhões, a Mayrink Veiga 7,6 mi-

---

* Ver *script* do programa de estreia da *PRK-30* na Rádio Nacional no Apêndice. A programação noturna da emissora, nesse dia, era composta por: 18h15: novela *Esmeralda do Vale das Sombras*; 18h30: novela *Ana Maria*; 18h45: novela *Arsène Lupin*; 19h: *A Voz da RCA*; 19h15: novela *A Ilha do Tesouro*; 20h: novela *Primavera e Outono*; 20h30: *PRK-30*; 21h: novela *Caminho do Céu*; 21h30: programa *Silvino Neto*; 22h: *Aquarelas do Mundo*; 22h35: Programa variado; 23h30: *Encerramento*.

[À esquerda] *O edifício* A Noite, *na Praça Mauá, centro do Rio, de onde a Rádio Nacional irradiava os recordistas de audiência da mídia brasileira nos anos 1940. Em seu auditório* [acima] *de 486 lugares, no 21° andar,* PRK-30, *transmitida ao vivo, consagrou-se como líder da preferência popular, entre 1946 e 1950.*

lhões e a Continental 6,7 milhões. Veiculada nessas condições, *PRK-30* pôde alçar-se ao *status* de maior atração popular da radiodifusão brasileira nos anos 1940. Dados do *Anuário do Rádio* de 1950 revelam que o programa se mantinha na liderança da faixa das 20h30 entre todas as estações do Rio, com 39% de audiência, seguido pela novela *Alma do Sertão* (35%) e o humorístico *Piadas do Manduca* (34%).

A imprensa aplaudia. "A *PRK-30* é o que se pode chamar de 'programa marcado': toda gente sabe dia e hora em que ele vai ao ar, desde a moça grã-fina, o político sisudo ou apenas aquele funcionário público", escreve Fernando Lobo em *O Cruzeiro*. "Todos sabem o que aconteceu na última *PRK-30* e sabem repetir as façanhas dos variados personagens que se desdobram nas vozes de Lauro Borges e Castro Barbosa."[57] Para o cronista anônimo de *A Noite Ilustrada*, "não é possível aconselhar a audição de *PRK-30* pelo fato de que todo mundo já ouve a *PRK-30*": "Lauro Borges e Castro Barbosa exploram situações alegres, inesperadas, engraçadas. Fazem as mais saborosas piadas, imitam os grandes cartazes do microfone, interpretando todos os gêneros de música, fazem caricaturas gostosas dos locutores de voz mais conhecida, apresentando sob prisma gaiato a propaganda dos produtos mais anunciados. E tudo é realizado com o maior bom gosto artístico."[58]

Desde 1938 destacava-se essa característica do humor de Lauro Borges, como se lê em *A Notícia*, a propósito de *A Buzina*: "Sua comicidade é fina, sadia, sem exploração de assuntos cabulosos e de palavras cabeludas."[59] Passada uma década, os críticos continuam a exaltar sua "graça limpa e decente, fina e asseada, sem licenciosidade ou palavras de sentido dúbio", o que sugere uma raridade até em uma cultura de costumes retrógrados, de um puritanismo o mais conservador, de um moralidade quase vitoriana, que dominava a primeira metade do século XX.

"Eis o verdadeiro humorismo, sem recorrer à chanchada ou até à pornografia camuflada" – assim o *Jornal do Commercio*, em 1947, exaltava Lauro Borges e Castro Barbosa, "os dois mais perfeitos humoristas do rádio", acrescentando: "Eles não contam coisas já por si mesmas engraçadas. Basta saber-se narrá-las. Até nas coisas menos engraçadas aproximam-se da literatura de Mark Twain. Os dois seriam capazes de pôr bambinelas de ironia até em um caixão de defunto, e com o defunto dentro."[60] O "humorismo limpo" da *PRK-30* decerto supria os principais registros críticos. "Lauro Borges e Castro Barbosa fazem rir sem recorrer às piadas de mal gosto e não precisam de baixezas para manter o cartaz", assegura *A Noite* naquele ano. "Estão dando uma verdadeira lição de moral aos pornógrafos incuráveis de nossas ondas hertezianas.

Ouve-se a *PRK-30* com prazer, pois já se sabe de antemão que não se ouvirá coisas mal-cheirosas que só podem alegrar os pobres de espírito. Todos prestigiam o humor puro da *PRK-30* – os chefes de família, as donas de casa, as jovens que procuram no rádio um divertimento sadio."[61]

Para a revista *Dial*, "Lauro Borges e Castro Barbosa se consagram ao mais ingrato dos gêneros artísticos, o humorismo – humorismo que sabem fazer como ninguém, jamais transigindo com a licenciosidade, para manter seus programas, muito ao contrário, em tom sadio de graça que se dirige à inteligência e nunca aos instintos deseducados."[62] A essa característica eram unânimes as interjeições de louvor. "Humor fino e recomendado, sem sacrifício à boa ética e sem recorrer nunca ao subentendido, nem à gritante falta de pudor", escreve Orlando Abreu no *Diário da Noite*.[63] Em *O Globo*, Celestino Silveira exalta na *PRK-30* "a arte de fazer rir com compostura, sem os resíduos muito fortes da chalaça, do duplo sentido", que, a seu ver, predominava no humor radiofônico: "Há, porém, essa exceção que é Lauro Borges. Aí está o elemento cômico do rádio que mais parece ter patenteado com exclusividade a arte da comicidade sem transigência com a piada escabrosa. É triste que seu exemplo não seja imitado."[64] Acrescenta José Alvaro no *Correio da Noite*: "É o melhor programa humorístico do rádio brasileiro, um programa que todos, até crianças e mocinhas, podem apreciar sem temor. Uma verdadeira raridade do respeito à Moral e a Decência. *PRK-30* passou a ser um hábito da família brasileira: raro é o lar que não se reúne para ouvir esse programa humorístico perfeito. Lauro Borges e Castro Barbosa são modelos do verdadeiro humorismo e, também, justos ídolos da família brasileira."[65]

Silva do Mar, na *Folha Carioca*, resume o ponto de vista geral: "Temos aqui dois grandes artistas que dignificariam o Brasil, no gênero a que se dedicam, em qualquer parte do mundo."[66]

AUTORRETRATO

O período de quatro anos na Rádio Nacional do Rio, cobrindo a segunda metade dos anos 1940, já seria suficiente para representar tanto a refinada técnica com que burilava Lauro Borges seus métodos criativos, com a colaboração essencial de Castro Barbosa, quanto a aptidão da *PRK-30*, sua obra mestra, em seduzir todas as camadas de público, sem distinção de classe, sexo ou idade. Vive Lauro então a plenitude da carreira: um programa exclusivamente seu, abrigando todos os tipos que pudesse formalizar, em total estado de graça

A última aparição de Lauro Borges no cinema, ausente Castro Barbosa, foi a comédia musical Folias Cariocas, *de 1948. Na cena acima, de óculos, à direita, Lauro figura ao lado de Dercy Gonçalves e Silva Filho.*

histriônica. A aclamação popular podia ser captada também fora dos estúdios, em *shows* promovidos por Renato Murce, quando Lauro e Castro recebiam sintomaticamente os maiores aplausos de auditórios lotados, disputando o bastão de "mais queridos" com a nata das grandes atrações da PRE-8. Como, por exemplo, no sábado, 31 de julho de 1948, no ginásio do Fluminense Football Club, no espetáculo *Uma Festa Diferente*, em celebração ao 46º aniversário do clube, reunindo atores, cantores e até acrobatas, com destaque também para um trio de acordeonistas do prof. Mascarenhas. 1948 ainda trouxe Lauro pela quarta (e última) vez ao cinema (mas sem Castro), na produção da Tapuia Filmes *Folias Cariocas*, dirigida a quatro mãos por Manuel F. Jorge e Hélio Tys. A despeito do *cast* de celebridades musicais e radiofônicas (Dircinha Batista, Nelson Gonçalves, Emilinha Borba, Orlando Silva, Alvarenga e Ranchinho, César Ladeira etc.), o filme terminou esquecido pela bibliografia do cinema nacional, que o cita, no máximo, de passagem.

Descendente de portugueses, o bastante vaidoso para manter a imagem pública de homem elegante e bem trajado, mesmo sem a antiga forma de craque dos gramados (chegou a pesar 81 quilos para seus 1m70cm de altura), a fisionomia de olhar esperto, cabelos e olhos castanhos, com o eterno bigodinho, que se multifacetava em tantas criaturas a uma única modulação de voz – esse Lauro Borges dizia-se "tímido, católico e apolítico" e também "permanentemente alegre, porque a vida é uma parada duríssima de se enfrentar". A fama de "maior humorista do rádio brasileiro" não alterou seu modo de ser – para os adeptos da astrologia, típico de um capricorniano: independente e responsável, intransigente e perfeccionista, incapaz de acatar determinações que não aprovasse, como ficou claro desde seus desacordos quanto à prática da locução no *Programa Casé*. Confessou-se "calminho, às vezes zangado, nunca violento". Na vida particular, dedicava-se à família e aos filhos Vera Regina, Sonia e Sérgio, brincava chamando todo mundo de "Alcides", torcia pelo Fluminense, era adepto da solidão, falava italiano, espanhol e "um pouco de inglês e francês" (embora nunca tivesse viajado ao exterior), gostava de cinema e doce de abóbora, tinha o costume de criar periquitos australianos – e, sobretudo, nas horas de lazer, próprio a um dos cérebros mais bem dotados em seu meio, preferia a literatura: "O que mais gosto de fazer é ler um bom livro". Mais ainda: "Um bom livro de filosofia". Explicou, com razão: "A filosofia tem me ajudado a viver. É, assim, uma espécie de salmoura que conserva o corpo."[67] Irriquieto, fazia contraste com o parceiro Castro Barbosa, homem de temperamento reservado e calmo, como típico mineiro.

Ex-jogador profissional, Lauro Borges (ao centro) *costumava participar de jogos preliminares com outros astros do rádio, no final dos anos 1940. Agachados, à esquerda, Castro Barbosa, à direita, Blecaute.*

Lauro (ao centro) com outros "craques" do rádio: (1) *Ciro Monteiro,* (2) *Walter D'Ávila,* (3) *César de Alencar,* (4) *Brandão Filho e* (5) *Floriano Faissal.*

A antiga paixão de Lauro Borges pelo futebol reacendeu com a proximidade da IV Copa do Mundo, a ser realizada no Brasil em junho e julho de 1950. A convite da Empresa Ferreira da Silva, faz então sua estreia no teatro de revista escrevendo, com Renato Murce, a peça musical *Deixa Que Eu Chuto*, em referência ao evento e ao carnaval daquele ano, marcado para 19, 20 e 21 de fevereiro. Ficam lotadas as apresentações no Teatro João Caetano, centro do Rio, até 5 de fevereiro, quando a casa é fechada para ornamentações dos bailes vindouros. Lauro atua em duas "cortinas", *Conversa de Rua* e *Otelo é Candidato* (alusão às eleições presidenciais marcadas para 3 de outubro), repartindo o palco com Marlene (Vitória Bonaiutti, 25 anos, Rainha do Rádio, que interpreta *Se é Pecado Sambar*), Blecaute (com o *hit General da Banda*), Cléa Suzana (rainha do Baile dos Artistas de 1949), a artista portuguesa Saluquia Renditi, Walter D'Ávila, Silva Filho, a cantora Áurea Paiva, Armando Nascimento, Durvalina Duarte, Tito Martini, Vicente Marchelli, Gualter D'Avila, Inah D'Avila. "O público ri, aplaude calorosamente, grita, delira", registra *O Radical*. "Uma das peças mais interessantes que se tem apresentado ultimamente nos chamados teatros populares", garante José Lira no *Diário Carioca*. "A maior preocupação dos autores foi explorar a música carnavalesca, e sobre ela fizeram quadros de fantasia que conseguiram êxito", concorda o *Jornal do Commercio*. Também aqui o humor dito inocente de Lauro Borges é posto em destaque, como faz Henrique Campos em *A Manhã*: "Houve por parte dos autores o cuidado de apresentar uma revista limpa, sem frases chocantes." E o *Diário da Noite*: "Espetáculo rigorosamente familiar, a que se assiste com prazer e interesse." Poucas são as críticas negativas: o mesmo Henrique Campos acha que "a peça está longa demais e possui quadros que cansam o espectador", e o cronista anônimo do *Correio da Manhã* considera *Deixa Que Eu Chuto* "uma exibição de rádio, que talvez conhecesse sucesso nos limites de um auditório, pois os números são fracos, e os que se salvam, os de Marlene, não colhem a vibração que caracteriza as revistas."[68]

PRK-30 EM SÃO PAULO

Ainda em 1950, Lauro decide expandir o sucesso da *PRK-30* ao mercado paulista. Um acordo é fechado com a Rádio Record de São Paulo, mas, por exigência do anunciante do Rio, deve ser trocado o título do programa: *PRK-30* passa a chamar-se *PRK-15* na Record, que irá transmiti-lo de 2 de maio a 26 de setembro, às terças-feiras. A expressiva aceitação do público paulista

A partir de 1950, a dupla da PRK-30, no auge da popularidade, passou a viajar semanalmente entre Rio e São Paulo, além de apresentar-se em outras capitais e cidades do interior.

reflete-se nos comentários de Mário Júlio no *Jornal de Notícias* em seguida à estreia na Record, realçando outra vez o "humorismo limpo" de Lauro Borges: "Verdadeiros mestres do humorismo, Lauro Borges e Castro Barbosa mantêm um programa que se desenvolve em um clima sadio e arejado, conseguindo divertir a valer, sem usar de recursos grosseiros para provocar o riso do auditório. As transmissões de sua impagável *PRK-15* já se tornaram famosas pela excelência de seu conteúdo bem-humorado, em cujo programa a limpeza mental de Lauro e Castro resolveu provar que é possível fazer graça sem arrastar o público ouvinte a verdadeiros mercados de indecência e licenciosidade. A dupla acha-se a 100 km de distância dessa chusma de falsos humoristas que, consciente ou inconscientemente, deturpam a mentalidade dos ouvintes mais fracos, amoldando a massa na forma inconsistente da imoralidade. *PRK-15* é um modelo de graça e boa verve, e, por isso mesmo, podem ser ouvidos nos lares onde existem moças e crianças, que estas não encontrarão nada de pernicioso para a sua formação moral e mental. De tudo eles fazem um motivo de pilhéria, realizada no bom sentido de fazer humorismo são, sem o achincalhe contundente de uma pornografia perniciosa e condenável."[69]

Viajando semanalmente entre Rio e São Paulo, nos cinco meses em que a Record apresentou *PRK-15*, a dupla pôde constatar o grau de aceitação do público paulista e desagradou a Nacional, que queria exclusividade. O último programa da *PRK-30* na Nacional foi ao ar em 29 de setembro de 1950. O contrato com a PRE-8 expirou em 1º de outubro e, antes das negociações para renová-lo, Lauro e Castro excursionaram por 25 cidades do interior paulista, patrocinados pela Empresa Teatral Peduti, apresentando-se, dia 23, no Cine Tupã, da capital, acompanhados pelo violonista Carlos Lentini. "Há quatro anos atuávamos na Nacional do Rio sem nenhum contato com o público do interior, e sentíamos que isso era necessário", explicou Lauro.[70] De volta ao Rio, não houve acordo salarial com o diretor da PRE-8, Victor Costa. "No dia seguinte – disse Castro Barbosa – encontrei-me com o locutor Luiz Jatobá, que nos convidou para atuar na Tupi de São Paulo. As negociações correram normalmente e assinamos o contrato em 1º de janeiro de 1951."[71] Com a transferência, Lauro, que percebia 15 mil cruzeiros na Nacional, passou a ganhar 27 mil na Tupi. Segundo Renato Murce, "o repentino e inesperado rompimento de Lauro Borges e Castro Barbosa com a Nacional deixou todos em expectativa e dúvida". "O que poderia a PRE-8 colocar, toda sexta no mesmo horário, para substituir sua atração de maior sucesso? Parecia impossível. Apareceu então um humorista, Max Nunes, vindo da Tupi. Resolveu o problema de maneira surpreendente: chegou com um programa humorístico pronto."[72] Apenas 13 dias depois da saída de Borges e Barbosa, estreava então *Balança Mas Não Cai*, que preservou os altos índices de audiência da *PRK-30*.

Por coincidência, e sintomaticamente, a fase-Nacional do programa, considerada a mais importante da criação de Lauro Borges, encerrou-se justamente com o advento da televisão no Brasil – vale dizer, quando foi ameaçado o império da radiofonia, único veículo capaz de abrigar e sustentar corretamente o humor verbal e imaginante da *PRK-30*. De início, Borges percebeu a inadequação do programa ao novo formato: "Ingressando na Tupi, recusamo-nos a trabalhar na televisão, como queriam – se bem que não fosse uma televisão de estúdio, mas do próprio auditório onde estivéssemos interpretando o programa."[73]

Onze dias antes da última emissão da *PRK-30* pela Nacional/Rio o magnata Assis Chateaubriand (1891-1968) inaugurava em São Paulo a TV Tupi (PRF-3), canal 3, com o programa *TV na Taba*, diretamente dos estúdios no prédio Cidade do Rádio, no Sumaré, com antena transmissora no alto do edifício do Banco do Estado de São Paulo. Também em setembro de 1950 começava a funcionar, em caráter experimental, a TV Tupi do Rio, canal 6, oficialmente inaugurado em 20 de janeiro de 1951, com antena transmissora no Pão de Açúcar. Presidente dos Diários Associados, comandando uma rede de 34 jornais, 36 emissoras de rádio, uma agência de notícias, a revista *O Cruzeiro*, dez revistas infantis e uma editora, Chateaubriand ousava fazer do Brasil o quarto país do mundo dotado de televisão comercial (depois da Inglaterra, EUA e França). De suas ambições constava arregimentar o melhor *cast* de artistas da música, cinema, teatro e rádio – estes últimos concentrados na Nacional, cuja maior atração, a *PRK-30*, já era unanimidade de crítica e público e valeu a Lauro Borges o prêmio de "melhor humorista" de 1950 da *Revista do Rádio*.

Agora subtitulada *Rádio Avoadora do Espaço*, estreia a *PRK-30* na Rádio Tupi paulista (PRG-2) em 16 de janeiro de 1951, sexta-feira, às 21h30, com plateia repleta no auditório do Sumaré. Por duas vezes é cortada a luz, do que se aproveita Castro para um trocadilho improvisado: "Pausa para *medir a estação*!". Sem exceções, a imprensa paulista aclama. "Lauro Borges e Castro Barbosa formam uma dupla tão homogênea e, juntos, fazem um convite tão amável ao país do impossível que a gente senta no barquinho, fecha os olhos e se entrega à delícia da montanha-russa", escreve Silveira Leal em *Radar*. "Quando dois humoristas sabem dizer coisas engraçadas com esse senso de oportunidade, o público é deles, o mundo é deles. O programa é uma crítica a toda a vida radiofônica do país. Ao fim dos 30 minutos da *PRK-30*, a gente já está com vontade de gritar aos dois: 'Chega de tanto rir! Não aguentamos mais, *misere nobis*!'."[74] A revista *Boletim* arrisca comparações: "Lauro Borges e Castro Barbosa caminham nas pegadas de um Molière, um Coquelin, um Chaplin, a centenas de figuras que, na ribalta de todo o mundo, trazem aos olhos do espectador lágrimas de alegria. Ouvir Lauro e Castro é uma operação de perfeita profilaxia psicológica."[75]

PRK-30 irá manter-se na Tupi de São Paulo pelos quatro anos vindouros, reapresentado aos domingos pela Rádio Difusora, às 13h. Para atender aos ouvintes cariocas, a associada Tupi do Rio voltará a transmiti-la a partir de 7 de março de 1952. Mas em breve, como registra o jornal *Radar*, seus índices de audiência em São Paulo irão ultrapassar os obtidos no Rio: "Uma das razões desse fato reside na habilidade que Lauro Borges e Castro Barbosa possuem de se adaptar ao meio. Não se limitam a apresentar na PRG-2 o mesmo programa que é levado ao ar na Tupi carioca. Adaptam o programa ao gosto do ouvinte paulista, criando piadas novas e lançando mesmo novos personagens, como a aparição de uma 'italianinha', sem contar uma paródia de *Uê Paesano*, dedicada ao atual prefeito de São Paulo."[76] Em 1953 e 1954, Lauro e Castro conquistam o Prêmio Roquette Pinto de "melhores humoristas do rádio", com plena aprovação da crítica paulista: "São dois sujeitos falando, cantando, tocando, pulando, voz fina, voz grossa, em uma mistura de línguas, onde o português, o italiano, o turco e o japonês se encontram e desencontram. São velhos e são moços, homem e mulher ao mesmo tempo. E, acima de tudo, fazem rir, transportando todo o auditório, em uma gargalhada uníssona, para um mundo onde o normal se confunde com o anormal – o mundo da *PRK-30*."*

LEVERTIMENTO

Mesmo com o crescente predomínio da televisão sobre o rádio, resiste Lauro Borges às pressões do "império de Chateaubriand" para dotar *PRK-30* de recursos necessários à adaptação ao novo veículo – o mesmo se dando quanto a outro programa que divide com Castro Barbosa na PRG-2, *Um Dia na Feira*, cointerpretado por Péricles do Amaral, Maria do Carmo, Orlando Drumont e Nádia Maria. Prefere, ao contrário, não renovar o contrato. O último *PRK-30* para a Tupi do Rio é irradiado em 31 de janeiro de 1955, e para a Tupi de

* *Diário da Noite*, 25 de agosto de 1953. Outro prêmio Roquette Pinto seria concedido a Lauro Borges postumamente, em 1967.

São Paulo, em 15 de fevereiro. Lauro e Castro aceitam proposta de voltar à Nacional, agora em São Paulo, mas desde que o programa também possa ser reapresentado no Rio, pela emissora que ofereça as melhores condições. Com auditório superlotado, *PRK-30* estreia na Nacional paulista em 17 de março de 1955, como seção do programa *Levertimento*, às 21h de quinta-feira, em cadeia com a Cultura. Às sextas, a Excelsior irá retransmiti-lo, bem como a própria Nacional, ao meio-dia de domingo. "O bom humor do momento para todo e qualquer temperamento" – anunciavam o bordão publicitário locutores de voz solene, carregada nos erres. No Rio, pela exigência da dupla, passa a ser transmitido primeiro pela Rádio Mundial (de 11 de abril a 14 de novembro de 1955), depois pela mesma Mayrink Veiga onde havia surgido, a partir de 22 de novembro.

"Muita gente acha que a *PRK-30* está fora de moda", comenta Eugênio Lyra Filho em 1957. "Serei eu o único que ainda acha graça na dupla? Penso que não. Para Lauro Borges e Castro Barbosa não faltou nunca um microfone, não faltaram salários altos, bons horários e, o que é mais importante, não faltaram bons patrocinadores. E isso só pode representar uma coisa: *PRK-30* continua gozando do mesmo prestígio antigo, tem uma legião de ouvintes atentos, alcançam bons índices de audiência. Diz-se que Lauro Borges e Castro Barbosa são inatuais, porque não acompanham o ritmo de licenciosidade para o qual caminhou o humorismo radiofônico. Mas, afinal, é uma felicidade que ainda haja humoristas que teimam em ser, assim, inatuais e 'sem graça' – mas limpos, espirituosos. Sua posição é firme, inabalável."[77] Além da *PRK-30*, o crítico poderia citar *Piadas do Manduca*, escrito por Renato Murce, do qual Lauro e Castro continuaram a participar nesse retorno à Nacional. Uma demonstração da perenidade da *PRK-30* ocorreu, também em 1957, assim que *Levertimento* foi lançado em edições vespertinas no Nordeste: Lauro e Castro receberam expressiva acolhida popular na sua excursão em novembro daquele ano para promover a estreia do programa na Rádio do Jornal do Comércio de Pernambuco (dia 9), no Ceará Rádio Club (dia 10) e na Rádio Sociedade da Bahia (dia 16). Em fevereiro de 1958, a gravadora RGE tomou inclusive a iniciativa de perpetuar a criação de Lauro Borges, reunindo seleções do programa em um LP intitulado *PRK-33 RPM*. O contrato foi assinado, mas nada se concretizou.*

---

* O projeto só foi realizado depois da morte de Lauro Borges, pela gravadora Equipe, em dois LPs lançados em 1972 (EQC. 884) e 1973 (EQC. 889).

Lauro e Castro (nas cabeceiras) *posam com familiares e amigos numa churrascaria, em 1958.*

De volta à Rádio Nacional do Rio, em 1959, Lauro assina o contrato, tendo à sua esquerda Castro e o ator Mario Brasini.

Lauro continuava com Castro na sucessão de idas e vindas entre a Nacional paulista e a Mayrink Veiga carioca quando seu nome ganhou manchetes de primeira página nos jornais. Era uma terça-feira, 30 de dezembro de 1958: o avião de meio-dia que o levaria a São Paulo, logo após levantar voo no aeroporto Santos Dumont, caiu na Baía de Guanabara, matando 17 ocupantes. Lauro Borges chegou a ser dado por morto, até que a vedete Rose Rondelli, 23 anos, foi atendida com ferimentos generalizados no Hospital Miguel Couto, na Gávea, depois de escapar do acidente. Explica-se: pela manhã, Lauro, com passagem para o voo das 11 horas, propôs a Rose, com passagem para o meio-dia, uma troca de horário de embarque. Por sorte, Lauro resolveu dar o dito pelo não dito e viajou mesmo às 11 horas, chegando à capital paulista são e salvo.

1959 será uma data de marcante desvio na trajetória da *PRK-30*: em 2 de abril vai ao ar o último da série *Levertimento* na Nacional paulista (com isso, a Mayrink deixa de apresentá-lo no Rio depois de 30 de março), Lauro e Castro voltam ao auditório da Nacional carioca (a partir de 12 de maio, às 21h30 de terça) – e, sobretudo, Victor Costa, agora diretor da TV Paulista (canal 5, hoje TV Globo de São Paulo), consegue convencê-los a adaptar *PRK-30* para a televisão.

PRK-30 NA TV

Fazia sentido a reação inicial de Lauro Borges ao projeto de adaptar a *PRK-30* ao formato da televisão: "Como quase todos sabem, temos diversos tipos 'trabalhando' na *PRK-30* e as suas caracterizações não são fáceis de fazer. Seria necessário filmar para depois passar ao vídeo. Como se vê, exigiria muito trabalho e dispêndio de dinheiro. Aliás, não pensamos em hipótese alguma na televisão, porque o programa nasceu para ser ouvido."[79] Na impossibilidade de contrariar o progresso da técnica, quando afinal o programa tem acesso ao novo veículo, a solução encontrada por Lauro é a de preservá-lo em seu modo original, suprimindo *mise-en-scène*, aparatos cenográficos e recursos de maquilagem e figurinos: os dois artistas apresentam-se diante das câmeras como vêm fazendo há anos frente aos microfones, nos auditórios das emissoras. Transmitida dos estúdios da Rádio Nacional em São Paulo, *PRK-30* estreia na televisão na noite de 15 de julho de 1959, quarta-feira, pela TV Paulista. Em menos de um mês, percebe Lauro que a experiência, nas condições estabelecidas, não é tão danosa como previa: "A gente sente uma emoção diferente das câmeras, e esse contato quase direto com os telespectadores nos dá a sensação de estar entrando em suas próprias casas."[79]

Lauro, feirante, em O homem e o riso, *na TV Rio, em 1963.*

Na TV Rio, em 1960, revivendo Piadas do Manduca:
Castro e Lauro, sentados, na sala de aula comandada por
Renato Murce (de pé) *e Anamaria* (a professora).

As críticas ao programa de estreia ressaltam essa contenção da *PRK-30* à proposta de "rádio televisionado". Escreve o cronista anônimo da *Revista Radiomelodias*: "Inteligente, sob todos os títulos. O extraordinário humor dos dois perfeitos artistas atinge o ponto de superação necessário para saltar, sem maiores dificuldades, a enorme barreira que separa o rádio da televisão. Lauro Borges e Castro Barbosa deixaram bem claro que não pretendem, em absoluto, fazer televisão. Apenas concordaram em permitir que a tradicional audição fosse televisionada como é: programa de rádio."[80]

De São Paulo, escreve Paulo Bonfim para o *Diário Carioca*: "Sem cenários e quase sem colaboradores, os dois comediantes realizam verdadeiros milagres de alegria, embora façam um rádio televisionado. Lauro Borges e Castro Barbosa superam todas as deficiências possíveis, oriundas dessa transposição do mundo do som para o mundo da imagem. Seus diálogos são estupendos. Satirizam sem ferir. Provocam gargalhadas espontâneas até em criaturas casmurras que perderam o hábito de rir."[81]

A experiência se estende ao público carioca: *PRK-30* estreia logo a seguir na TV Rio (canal 13), na noite de 9 de novembro de 1959, segunda-feira. No *Diário de Notícias*, a cronista Mag. volta a apontar para seu caráter assumido de "rádio televisionado": "É interessante notar que nem Lauro Borges nem Castro Barbosa possuem o aspecto de humorista. Ambos aparecem com roupas cotidianas, sem maquilagem ridícula, nem enfeites berrantes. Seus gestos, igualmente, são naturais, como de simples locutores que trazem nas mãos os seus *scripts*. Pelo singelo disfarce das vozes, conseguem os heróis da *PRK-30* criar diversos personagens, até femininos."[82]

Ainda em novembro de 1959, Castro Barbosa traz na TV Rio um novo programa, *Só Tem Tantã*, de sua autoria, com Chico Anysio e Isabel Camargo, que permanece em cartaz por um ano e quatro meses. Mas admite: "Não há necessidade de se criar programas humorísticos especiais para a televisão. Os que já estão consagrados no rádio, se bem adaptados e bem executados, poderão perfeitamente subsistir e agradar." A seu ver, o mesmo se aplicaria ao caso da *PRK-30* e à preservação de sua fórmula: "Não é indispensável a renovação de tipos. Eles podem resistir anos e anos, ou serem recriados à semelhança de outros. O que importa, realmente, é a renovação do assunto. E esse assunto tem que ser sempre atual, estar evoluindo sempre, de acordo com a marcha dos costumes. Renovar os programas humorísticos é baseá-los na atualidade. Fora disso, pouca coisa poderia ser feita." E sobre as diferenças entre o rádio e a TV: "Trabalhar no rádio é mais fácil, porque basta ler o *script*. Mas, ao

PRK30

NÃO AMOLE
PRK30

De 1959 a 1964, a PRK-30, *após muita relutância, é adaptada para encenação na* TV*: além da voz, exigia agora a multiplicidade de caracterizações dos personagens, incluindo recursos de maquiagem e figurinos.*

mesmo tempo, é mais difícil, porque não se pode contar com o auxílio da caracterização, dos gestos. A única arma é a inflexão."[83]

Além da televisão, *PRK-30* continua na Rádio Nacional, agora retransmitida para 22 emissoras do país. Por razões de saúde (teve ameaça de enfarte) e confessado medo de avião, Castro Barbosa escolhe não mais acompanhar o parceiro nas viagens semanais à capital paulista. Pede a Lauro Borges que consiga um substituto em São Paulo, mas sem deixar a *PRK-30* no Rio. Em 1944, enquanto não contava com Castro, Lauro havia convocado Pinto Filho como interino em outro personagem, "Chouriço". Agora, o substituto teria de assumir em São Paulo todos os tipos interpretados por Castro, incluindo o "Megatério". Durante quase dois meses, Lauro pesquisa entre os comediantes da Nacional e da TV Paulista um parceiro à altura: a escolha recai sobre Daniel Guastaferro Guimarães. Paulista da capital, nascido em 27 de fevereiro de 1932, fisicamente parecido com Castro Barbosa (com 85 quilos para 1,72 metro de altura, bigodes e cabelos castanhos), Daniel ganhou destaque no programa *Intimidade*, de Walter Forster, dizia-se fã de Lauro Borges ("Como ator cômico, é o Pelé do rádio e da TV. Inigualável.") e confessou que "meu papel na *PRK-30* é o que me deu o maior prazer de representar". Daniel Guimarães estreia substituindo Castro Barbosa na *PRK-30* às 21h de sábado, 22 de outubro de 1960, na TV Paulista, enquanto Castro prossegue contracenando com Lauro na Nacional e na TV Rio. O revezamento vai estender-se até 28 de dezembro de 1961, data da última participação de Castro Barbosa na *PRK-30*.*

Juntos, Lauro e Castro também participaram de outros programas na TV Rio: em 1960, durante oito meses, reviveram seus antigos personagens de *Piadas do Manduca*, de Renato Murce, e reuniram-se pela última vez em *O Homem e o Riso*, em 1963/64. Separadamente, Castro fez quadros em *Coral dos Bigodudos* e *Feira Mais ou Menos Livre*, em 1962, na TV Excelsior, e figurou em *Bairro Feliz*, de Max Nunes, na TV Globo, em 1965. Lauro Borges, na TV Rio, esteve em *Noites Cariocas*, de 1960 a 1963. Observou então que pretendia aposentar-se, "comprar um sítio, descansar e ler" – seu passatempo favorito – pois achava-se "contente com a vida".[84] Acedeu, no entanto, em trabalhar como teleator na TV Tupi do Rio, que o contratou em 1º de março de 1966, quando sua *PRK-30* já tinha encerrado uma trajetória de vinte anos: apresentado pela Nacional até 7 de junho de 1964, o programa, com Lauro e Daniel Guimarães, teve sua temporada final na Rede Record, de 2 de agosto a 25 de dezembro de 1964.**

---

* Ver *script* do último programa de Castro Barbosa no Apêndice.

** Ver *script* da última apresentação da *PRK-30* no Apêndice.

Daniel Guimarães veio a substituir Castro Barbosa nos últimos anos do programa. Considerava Lauro Borges "inigualável": "É o Pelé do rádio e da TV".

A MORTE SUSPEITA

Ainda na TV Tupi, licenciou-se Lauro Borges em 15 de outubro de 1966 para tratamento de saúde, receando um câncer de próstata. Finalizado o contrato com o canal 6, em 31 de janeiro de 1967, passou a dedicar-se à venda de imóveis, na capital paulista e em Santos. Recuperou-se de uma intervenção cirúrgica e estava para estrear na TV Bandeirantes como autor e intérprete de um novo programa. Em seu primeiro *script*, fingindo-se de bêbado, conversaria com outro figurante em um banco de jardim, dizendo, no final do quadro, que sua avó costumava tomar banho de leite:

FIGURANTE: "Tomava banho com leite de vaca?"
LAURO: "Propriamente dito."
FIGURANTE: "Mas como é que ela fazia? Enchia a banheira com leite e depois entrava dentro?"
LAURO: "Que banheira, que nada! Ela tomava banho de chuveiro. Quer ver? (*deita no banco*) Ela mandava levar a vaca pra dentro do banheiro. Deitava embaixo assim. (*acomoda-se*). Aí em cima é tudo vaca, viu?"

Respondia, por fim, à pergunta do outro sobre se o tal banho de leite ainda continuava:

LAURO: "Não, coitada. (*chorando*) Um dia a vaca escorregou no sabão, caiu em cima dela e ela morreu achatada. Que sorte mais *avacalhada*!"

O texto não saiu do papel: Lauro Borges morreria antes de gravá-lo, aos 66 anos, em circunstâncias estranhas e polêmicas. Na manhã de 11 de junho de 1967, um domingo, seu corpo foi encontrado pelo zelador do prédio onde morava (Rua Ministro Godói, 419, em Vila Mariana, São Paulo), caído na garagem, em decúbito dorsal, vestido de pijama de flanela, pulôver, meias e chinelos de couro, entre a parede do boxe e seu carro Volkswagen, a cabeça ensangüentada. Sob o calcanhar direito, um revólver Smith e Wesson, calibre 32, de sua propriedade, com duas cápsulas no tambor, das quais apenas uma deflagrada. A autopsia acusou lesão produzida por projétil disparado contra a têmpora direita. A bala se alojara na caixa craniana. "Suicídio", segundo os legistas. No entanto, durante o velório no Instituto Médico Legal (IML-SP), o advogado Cláudio de Luna, amigo de Lauro, notou um orifício na têmpora esquerda – o que colidia com o laudo (Borges não era canhoto). Caso houvesse um segundo orifício, "estaria confirmado o caso de homicídio, hipótese não descartada pela polícia".[85] Lauro Borges foi enterrado na tarde do dia seguinte, no Cemitério do Araçá, em São Paulo.

Nunca foi admitida pela família a possibilidade de suicídio. Havia falhas na perícia, como sublinhou Arlindo Silva em *O Cruzeiro*: "O Instituto de Polícia Técnica não fotografou o local, não pesquisou impressões digitais na área, nem a existência de esfumaçamento ou depósitos de pólvora nas mãos da vítima. Não se fizeram tiros de prova, com a mesma arma e a mesma munição, para precisar a distância do disparo mortal e se a bala encontrada no crânio saíra ou não do mesmo revólver."[86] Também haviam sido encontradas manchas de sangue no apartamento – ou seja, Lauro teria sido morto dentro de casa e arrastado em seguida até a garagem.

Dois anos depois, a pedido da família, o promotor Bruno Irineu Vizotto, da 2ª Vara Auxiliar do Júri de São Paulo, dentro do inquérito policial instaurado para apurar a *causa mortis* de Lauro Borges, requereu a exumação do corpo, feita na tarde de 9 de outubro de 1969. O perito Oscar César Leite concluiu que, "aparentemente, não há lesão de entrada de projétil no lado esquerdo do crânio", mas solicitava nova perícia técnica do IML. Foi quando o perito Harry Shibata, do IML, encontrou grande fratura de forma linear na face lateral esquerda do crânio, não notada durante a autopsia e "causada por agente contundente, de grande energia, dirigido de fora". A vítima poderia ter sido golpeada na cabeça e alvejada a tiro, em posição que induziria a polícia a pensar em suicídio. Contudo, as autoridades policiais preferiram admitir que a fratura craniana fora produzida pela queda do corpo, após o disparo.

Em tais condições, o inquérito acabou sendo arquivado pelo promotor Vizotto em 12 de outubro de 1970, "por terem sido esgotados todos os recursos para o esclarecimento do caso" e por "não oferecer elementos suficientes sobre a materialidade do crime de homicídio e, menos ainda, sobre qualquer indício válido de autoria". No mesmo requerimento, o promotor lamenta que "o inquérito foi negligentemente instruído por nossos institutos técnicos", com isso "originando sérias dúvidas sobre a morte de Lauro Borges". Reconheceu ainda que as investigações "ficaram seriamente prejudicadas" pelo decurso de tempo entre a morte e a exumação do corpo. O promotor também oficiou à autoridade policial para, "sobre a lamentável e inexplicável ocorrência, proceder a novas pesquisas, se porventura tiver notícias de outras provas."[87]

Lauro Borges não chegou a testemunhar a prova da durabilidade de sua *PRK-30*, quando alguns quadros do programa foram reunidos em dois LPs pela gravadora Equipe, em produção de Renato Murce, no início dos anos 1970. O primeiro (EQC 887), lançado em dezembro de 1972, vendeu em apenas duas semanas toda a primeira prensagem de mil cópias. O segundo volume (EQC 889) surgiu no ano seguinte, e também esgotou-se. A Casa Palermo, no Largo da Carioca (centro do Rio), teve a ideia de tocar os discos em alto-falantes e reuniu grandes grupos de populares, que se divertiam ouvindo aquele *show* de humor radiofônico aparentemente já tão "antigo e ultrapassado". Castro Barbosa – que se aposentara (como cantor) em 1968 – misturou-se a um grupo, e foi reconhecido por velhos admiradores, que o procuraram para agradecer os "momentos de alegre nostalgia" proporcionados pelos discos. Ficou envaidecido com essa demonstração de que o humor da *PRK-30* – "sem licenciosidade, nunca abordando temas políticos ou religiosos", como disse – havia resistido ao tempo: "Os LPs simplesmente arrancaram gargalhadas de meus netos (na época de 7 e 11 anos)".* Incompatibilizado com a televisão ("Não volto porque não quero me submeter a maus diretores"), Castro sempre reverenciava as memórias do parceiro que um dia o definira como "um irmão xipófago e indispensável". A morte, que os havia separado, voltou a uni-los em 20 de abril de 1975, quando Castro Barbosa, internado em uma clínica de Copacabana, faleceu vítima de aneurisma no estômago, dias antes de completar 66 anos, deixando viúva dona Guilhermina Mendes, três filhos e cinco netos. E Lauro Borges e Castro Barbosa passaram a ser, antes de tudo, os personagens da *PRK-30* – estes, para toda uma geração de brasileiros, muito provavelmente imortais.

---

* Dez anos após o lançamento dos LPs, foi encenado no Teatro Ipanema, no Rio, uma peça inspirada nos tipos e situações do programa, *PRK a Mil*. Escrita e interpretada pelo trio Aloísio de Abreu, André Dantas e Karen Acciolli, sob direção de Nélson Dantas, com figurinos de Paula Acciolli, coreografia de Cláudio Baltar e direção musical de Roberto Corte Real, estreou em 5 de maio de 1983 e permaneceu em cartaz itinerante durante um ano e meio, sendo ainda apresentada no Teatro SESC-Pompeia de São Paulo. Sucesso de bilheteria, *PRK a Mil* demonstrava, mais uma vez, a perenidade do humor de Lauro Borges. Transcorridos outros dez anos, nada se alterou: com base em textos originais do programa, Luiz Carlos Saroldi escreveu e dirigiu o espetáculo *O Humor da PRK-30*, apresentado com a mesma aclamação em 22 de julho de 1993 no espaço BNDES, no Rio, integrando a série *Rádio – 70 Anos*, com Tim Rescala interpretando os personagens de Lauro Borges e Antônio Pedro os de Castro Barbosa. O entusiasmo da plateia repetiu-se quando o mesmo espetáculo foi encenado ao ar livre em 21 de novembro de 1993, na Praça Tiradentes, no Rio, como parte das comemorações pela reabertura do Teatro Carlos Gomes. Alguns programas originais também tiveram acesso

NOTAS

3 Lauro Borges, *in* depoimento a Isaac Grinberg, da *News Press*, 1947.

4 Lauro Borges, *in A Noite*, 23 de novembro de 1946.

5 Lauro Borges, *in* revista *Carioca*, 28 de maio de 1938.

6 Lauro Borges, *in Syntonia*, 3 de janeiro de 1936.

7 Lauro Borges, *in Jornal do Commercio*, 12 de agosto de 1940.

8 Lauro Borges, *in* revista *Carioca*, 28 de maio de 1938.

9 Castro Barbosa, *in Correio da Manhã*, 2 de julho de 1961.

10 Cf. Jairo Severiano e Zuza Homem de Mello, *in A Canção no Tempo, volume 1: 1901-1957* (Editora 34, São Paulo, 1997).

11 Cf. revista *Carioca*, 19 de setembro de 1936.

12 Castro Barbosa, *in Correio da Manhã*, 18 de junho de 1946.

13 Lauro Borges, *in A Notícia*, 3 de setembro de 1936.

14 Lauro Borges, *in* revista *Carioca*, 28 de maio de 1938.

15 Lauro Borges, *in Cine-Rádio Jornal*, 29 de dezembro de 1938.

16 Lauro Borges, *in* revista *Granfina*, fevereiro de 1940.

17 Renato Murce, op. cit.

18 Tony, *in Jornal dos Sports*, 26 de agosto de 1939.

19 Revista *Carioca*, 14 de outubro de 1938.

20 Jupinter, *in Revista Universal*, fevereiro de 1939.

21 Ed., *in O Globo*, 13 de abril de 1939.

22 *A Noite*, 20 de março de 1939.

23 *Diretrizes*, 6 de agosto de 1942.

24 Lauro Borges, *in Jornal do Commercio*, 8 de abril de 1940.

---

ao público quando a Collector´s Editora, no Rio, pôs à venda uma série de fitas cassete, a partir de outubro de 1984. *PRK-30* foi ainda invocada no samba *Rio Antigo*, de Nonato Buzar e Chico Anysio, gravado em 1979 por Alcyone no LP *Gostoso Veneno* (Phillips 9349.420): consta entre as memórias afetivas da cidade, como a dupla Oscarito e Grande Otelo, o jogador Zizinho, o cronista Sérgio Porto, o locutor Waldir Amaral, o produtor de revistas Walter Pinto, o Clube dos Cafajestes, a Copa Rocca entre Brasil e Argentina, os antigos bondes, os calouros de Ary Barroso, os conjuntos Trio de Ouro, Anjos do Inferno e Quatro Ases e um Curinga.

[25] Mac Bir, *in A Notícia*, 15 de fevereiro de 1939.

[26] Ricardo Pinto, *in O Jornal*, 14 de fevereiro de 1939.

[27] C.R., *in Folha Carioca*, 13 de fevereiro de 1939.

[28] R., *in Jornal da Tarde*, 15 de fevereiro de 1939.

[29] *A Notícia*, 14 de fevereiro de 1939.

[30] Lauro Borges, *in* revista *Granfina*, fevereiro de 1940.

[31] Ed., *in O Globo*, 5 de setembro de 1942.

[32] Lauro Borges, *in* revista *Granfina*, fevereiro de 1940.

[33] *Cine-Rádio Jornal*, 16 de janeiro de 1940.

[34] Hélio Silva, *in O Cruzeiro*, 18 de janeiro de 1940.

[35] G., *in O Estado de S. Paulo*, 21 de janeiro de 1940.

[36] E. Nogueira, *Diário da Tarde*, 23 de janeiro de 1940.

[37] *O Globo*, 24 de janeiro de 1941.

[38] Castro Barbosa, *in Cine-Rádio Jornal*, 21 de janeiro de 1942.

[39] Lauro Borges, *in Cine-Rádio Jornal*, 18 de novembro de 1942.

[40] Renato Murce, op. cit.

[41] Mag., *in Diário de Notícias*, 10 de fevereiro de 1943.

[42] Humberto Mauro, *in A Cena Muda*, 15 de fevereiro de 1944; *Correio da Manhã*, 15 de fevereiro de 1944.

[43] Lauro Borges, *in Folha Carioca*, 26 de setembro de 1944.

[44] Lauro Borges, *in Cine-Rádio Jornal*, 29 de dezembro de 1938.

[45] Lauro Borges, *in Folha Carioca*, 26 de setembro de 1944.

[46] Renato Murce, *in Folha Carioca*, 27 de setembro de 1944.

[47] Lauro Borges, *in Folha Carioca*, 28 de setembro de 1944.

[48] Renato Murce, op. cit.

[49] Lauro Borges, *in Folha Carioca*, 26 de setembro de 1944.

[50] *Folha Carioca*, 21 de outubro de 1944.

[51] Sodré Vianna, *in O Globo*, 21 de outubro de 1944.

[52] Cf. revista *Propaganda*, janeiro de 1983.

[53] Renato Murce, *in* revista *Status*, 26 de setembro de 1976.

[54] *A Noite*, 14 de setembro de 1946.

[55] *A Noite*, 16, 17 e 19 de setembro de 1946; *A Manhã*, 19 de setembro de 1946.

[56] Cf. Orlando Portella, *in* revista *Carioca*, 29 de abril de 1948.

[57] Fernando Lobo, *in O Cruzeiro*, 24 de janeiro de 1948.

[58] *A Noite Ilustrada*, 12 de outubro de 1948.

[59] *A Notícia*, 19 de dezembro de 1938.

[60] *Jornal do Commercio*, 16 de maio de 1947.

[61] *A Noite*, 13 de junho de 1947.

[62] Revista *Dial*, 25 de setembro de 1947.

[63] Orlando Abreu, *in Diário da Noite*, 6 de outubro de 1947.

[64] Celestino Silveira, *in O Globo*, 10 de abril de 1948.

[65] José Alvaro, *in Correio da Noite*, 3 de agosto de 1948.

[66] Silva do Mar, *in Folha Carioca*, 3 de setembro de 1948.

[67] Extratos da entrevista de Lauro Borges à *Folha Ilustrada* de 5 de agosto de 1962.

[68] *O Radical*, 19 de janeiro de 1950; José Lira *in Diário Carioca*, 22 de janeiro de 1950; Henrique Campos *in A Manhã*, 20 de janeiro de 1950; *Jornal do Commercio*, 22 de janeiro de 1950; *Diário da Noite*, 20 de janeiro de 1950; *Correio da Manhã*, 19 de janeiro de 1950.

[69] Mário Júlio, *in Jornal de Notícias*, 19 de maio de 1950.

[70] Lauro Borges, *in Revista do Rádio*, 9 de janeiro de 1951.

[71] Castro Barbosa, Ibid.

[72] Renato Murce, op. cit.

[73] Lauro Borges, *in Revista do Rádio*, 9 de janeiro de 1951.

[74] Silveira Leal, *in Radar*, 19 de janeiro de 1951.

[75] Revista *Boletim*, junho de 1951.

[76] *Radar*, 24 de dezembro de 1953.

[77] Eugênio Lyra Filho, *in Radiolândia*, 12 de abril de 1957.

[78] Lauro Borges, *in Diário da Noite*, 19 de junho de 1958.

[79] Lauro Borges, *in Revista Radiomelodias*, 12 de agosto de 1959.

[80] *Revista Radiomelodias*, 21 de julho de 1959.

[81] Paulo Bonfim, *in Diário Carioca*, 20 de agosto de 1959.

[82] Mag., *in Diário de Notícias*, 11 de novembro de 1959.

[83] Castro Barbosa, *in Radiolândia*, 25 de junho de 1960.

[84] Lauro Borges, *in Folha Ilustrada*, 5 de agosto de 1962

[85] *Jornal do Brasil*, 13 de junho de 1967.

[86] Arlindo Silva, *in O Cruzeiro*, 30 de outubro de 1969.

[87] *Folha de S. Paulo*, 13 de outubro de 1970.

ATRAÇÕES DA PRK-30

Em 1953, capa do semanário Pauliceia em Revista.

POR SATIRIZAR TODAS AS VARIEDADES da programação radiofônica da época, *PRK-30* pode ser subdividida em "gêneros" específicos. Os exemplos que se seguem, extraídos ou adaptados de *scripts* originais de Lauro Borges, não estão incluídos entre as seleções apresentadas nos CDs que acompanham esta monografia. Uniformizando a grafia, neologismos, ablações e erros gramaticais aparecem em negrito e em itálico, trocadilhos e expressões estrangeiras estão apenas em itálico.

NOTICIÁRIOS

"Notícias de Matusalém informam que dona Páscoa de Tal, depois de retirar as cinzas do marido, que estavam no Cemitério da Baixada do Sossego, comprou ramos de flores e ia para casa quando escorregou numa casca de banana, caiu e quebrou duas das pernas. O fato de dona Páscoa, carregada de cinzas e de ramos, ter caído de uma só vez causou grande estranheza, pois que nunca se tinha visto até agora Páscoa, Cinzas e Ramos caírem no mesmo dia."

"Da Espanha. O conhecido médico espanhol dr. Júlio de las Caimbras acaba de descobrir que a insônia é provocada na maior parte das vezes pelo ronco da própria pessoa que está dormindo. Disse ele que toda pessoa que ronca de noite deve dormir num quarto pegado ao seu para não ouvir o seu próprio ronco."

"Santiago do Chile. A Liga Chilena de Futebol resolveu que, a partir do mês passado em diante, durante a realização dos jogos noturnos que forem efetuados à noite, não só a bola deve ser pintada de branco como, para facilitar a atuação do juiz, também devem ser pintados de branco todos os jogadores de cor preta."

"No luxuoso teatro Recreio das Pulgas, foi levada ontem à cena uma peça francesa. A estrela, Uai de Azevedo, apesar de não saber pronunciar os 'r', saiu-se muito bem no seu papel, procurando com habilidade não dizer as palavras que tinham 'r', substituindo-as por outras sem a referida vogal. Assim, numa frase em que ela tinha que dizer 'Meu irmão Roberto partiu para Roma', ela disse – aliás, com muito desembaraço: 'Meu cunhado Santiago viajou a Constantinopla'."

"Casamento. Era para ser realizado ontem o enlace matrimonial da gentil e prendada senhorita dona Epaminondas Barbaraba de Moraes com o senhor Cisne Imundo Palmivres. Porém, como o noivo fugiu na véspera para o Acre, a panteada noiva previne seus amigos e fregueses que seu casamento fica transferido *sine die* até que ela consiga arranjar outra vítima."

"Velha York. O senhor John Karkalos, diretor da Estrada de Ferro Tartarugue Company, considerando que, nos desastres verificados ultimamente nessa ferrovia, os últimos vagões são os que mais prejuízos têm sofrido, ordenou que daqui por diante todos os trens façam suas viagens sem o último vagão."

"Áustria Meridional Chinesa. O grande engenheiro senegalês Sornegrante Nabucodonosor acaba de inventar um novo tipo de fortaleza-voadora considerada uma verdadeira maravilha. A primeira experiência, realizada ontem, foi coroada de êxito. Posta em movimento a hélice da possante fortaleza, tudo funcionou às mil maravilhas. Apenas uma pequena lacuna foi notada: o aparelho, apesar de ter quatro asas – três de um lado e duas do outro – não conseguiu levantar voo. Atribui-se esse pequenino senão ao fato de o engenheiro ter construído o alicerce da fortaleza-voadora de cimento armado e enterrado no solo. Diz ele que de outro jeito não seria fortaleza."

Carnaval nos EUA. Otelo foi passar suas "férias carnavalescas nos *United States*, como é de conhecimento geral de algumas pessoas". Os *United States* ficam "ao sul do norte da Califórnia Meridional Inglesa". Dizendo que Nova York "é uma cidade com mais de 3 mil pessoas aos domingos", Otelo confessa ter ficado impressionado com a altura dos edifícios, um deles "com 1.897 andares para cima, sem contar os subterrâneos". São prédios "de cimento desarmado", porque "depois da guerra foi proibido construir lá edifícios de cimento armado". Há outro edifício "em forma de cruz, com duzentos andares: na altura do centésimo andar sai um braço da cruz de 87 andares pro lado esquerdo e 51 para o lado direito. Para equilibrar o braço, do lado mais comprido da cruz só pode morar gente magra".

"Esteve hoje em visita à Sociedade Protetora dos Animais Racionais – ou seja, dos animais de raça – o grande caçador de elefantes John Paquiderme. Sua senhoria declarou que são precisos centenas de elefantes anualmente só para fazer bolas de bilhar. Esta declaração do grande dermatologista deixou assombrada a maioria dos presentes, que não conseguia conceber como, sendo o elefante um bicho tão grande e tão bruto, pode fazer umas bolinhas tão delicadas."

"Cavalheiro, se o senhor anda com a memória fraca, não tem vontade de comer depois das refeições, levanta-se todas as manhãs quase sem sono, abra os olhos! Isso é sinal de que seu organismo está precisando de fósforos. Coma todas as manhãs, ao deitar, umas duas ou seis caixinhas de fósforos, que, além de fazerem bem pra vista, evitam a asma intestinal e combatem o ***despalpebramento*** das pálpebras."

"Amigo ouvinte, faça suas compras na Casa Mastigas: ratoeiras, sedas, cordas para enforcamento, enxovais para noivas solteiras ou por casar, folhas de zinco ***enzincotadas*** com capricho, marmitas, meias inteiras de vidro para senhoritas, só na Casa Mastigas, a única que não morde os fregueses. Rua Senhor dos Passos, a 133.396 passos da Avenida idem."

"Minha senhora, não tenha um fígado antissocial! Leve seu fígado às festas, ou bailes, às gafieiras, etc, depois de pentear-se no maior *fígado* da cidade, o Salão Arrepiado da Gamboa."

"Sapatos da Luvaria e Carpintaria Mão de Vaca. Sapatos número 35 para senhoras que calçam 42. Sapatos de couro de cuíca holandesa. Par com dois pés, sendo um direito e outro esquerdo ou vice-versa. Luvas com cinco dedos ou até mais, para senhoras casadas, solteiras e até viúvas. Relógio de pulso movido a gasogênio. Vestidos de lona para bailes. Sutiã de papel de seda para banho de mar."

"Minha senhora, se a senhora por acaso tem móveis em casa, não se esqueça: o Óleo de Peroba lustra, alveja e amacia os móveis, dá um brilho incomparável ao seu cabelo, serve para fritar batatas e não contém gordura."

"Formidável! Sensacional! Agora as moscas não sujarão mais os vidros das suas janelas. Apareceram as fraldinhas para moscas da marca Evita. Com as fraldinhas Evita, a mosca *evita* até de pousar nos vidros das janelas, quanto mais de realizar ali suas bobagens."

"Fábrica de relógios Sem Ponteiro, os únicos relógios que não deixam a gente envelhecer, porque com eles o tempo permanece, nunca passa!"

"Sapataria o Prazer dos Calos, rua Don Joanete 6, nº 11. Preços que são um verdadeiro assalto – porque *há saltos* de todos os tamanhos na sua sapataria!"

"Minha senhora, se a sua pele está irritada, não se irrite também, que aí é pior. Finja que não está vendo, que a cara não é sua. Mais tarde então compre o afamado Sabonete Leve, e tome com ele o seu ligeiro banho mensal. E não se esqueça: a espuma do Sabonete Leve é antiderrapante, não é pesada nem ataca o coração. Senhorita, lave-se com Leve, e enxugue a cara com bofetadas!"

"Senhorita, fique mais catita usando Óleo Cabrita, que deixa o cabelo brilhante e perfumado como o pelo da cabra. Aprenda a soletrar comigo: b-o, bó, b-e, bé... Cabrita!"

"Restaurante italiano In Hoc Signo Vinces, que em português quer dizer 'Com Esse Inhoque Vencerás', um restaurante quase sem baratas, e onde a higiene é tanta que até o arroz é lavado com creolina. Serve sopa de alcatrão *al sugo*, tutú com arroz doce de canela de vidro, rapadura, sorvete de camarão, pirolito de goma arábica legítima, caroços de manga em calda."

"Minha senhora, não se esqueça de que o maravilhoso Xarope Solitário está sozinho para matar solitárias, lombrigas, vermes e outros bichos. Se o senhor tem solitária, tome hoje mesmo o maravilhoso Xarope Solitário! Não bote fora amanhã o que pode botar hoje!"

"A luvaria Mão de Vaca está vendendo luvas para as duas mãos com três, quatro, cinco e até sete dedos por preços que são uma vergonha. Luvas de boxe para senhoras casadas, já com ferradura dentro para dar sorte, à prestação ou pelo sistema ***calotário***. Minha senhora: compre luvas de boxe e seja homem dentro do seu lar!"

"Amigo ouvinte, muitas vezes uma pessoa com fome canina não pode comer porque os caninos lhe doem. Outras vezes são os seus molares que estão amolando. Também quando nascem os dentes do siso é preciso os cuidados de um ***sisorgião*** dentista atencioso. Não procure um dentista mal cariado para tratar da sua dentuça. Seja mais incisivo: procure o doutor Sílvio Banguela, na rua Maxilar de Azevedo, 32, que, considerado o campeão da prótese, em ***hiprótese*** alguma lhe colocará uma ponte na boca."

"Minha senhora, o salão de beleza A Cara Torta da Lapa, da firma japonesa Me Cuspiro na Fuça e Cia., é frequentado pela mais alta ralé da fina sociedade local. Cata-se cravos da cara com alicate de fino aço alemão. Pintura de cabelo carapinha com piche legítimo. Lustra-se carecas a sete cruzeiros o metro quadrado. Telefone: retirado por falta de pagamento."

"O Leite de Magneto de Felboa é vendido há mais de setenta anos e até agora ainda não azedou!"

"Máquinas de fazer pastéis só na Ágata, rua Buenos Aires, esquina da Avenida Copacabana, bem no coração do Méier. Número um, um, um... Cento e vinte e dois!"

"Calças, coletes, paletós, chapéus de três bicos, grão-de-bico espanhol, bicicleta suíça com motor de avião nas quatro rodas, pirulito a gasogênio sem cabo, panela de apito para chamar a polícia, carne seca, sedas finas, óculos com degraus ***raibamba,*** bacalhau, sorvete de camarão com abóbora, perfume de caniço de anzol com iscas feitas de minhocas solteiras, sopa à portuguesa, raios parta, etc. etc. – principalmente no etc. – só na Casa Quinha, bem defronte a Casa Cão, a única que ainda vende cachorros amarrados com linguiça para provar a obediência dos bichos."

"Minha senhora: compre touquinhas para o seu bebê na mais antiga casa de produtos de toucador. Toucas, fraldinhas com secador automático, chuteiras e bicicletas para recém-nascidos, guarda-chuvas para crianças de sete meses, calção ventilado de molas."

"Cama Vê Se Te Deitas. O senhor pode dormir com conforto e elegância até debaixo dela, desde que ali não tenha nada que o atrapalhe. Cama que, apesar de ser de madeira, não enferruja."

(Lauro Borges lê rapidamente) "Amigo ouvinte, quando-o-senhor-passa-para-o-seu-passeio-com-essa-roupa-mal-passada, parece-até-um-passadista-do-passado, deixe-essa-possibilidade-passiva, não-fique-com-cara-de-paçoca, passe-com-passo-firme, passando-sua-roupa-na-Passadeira-Passarinho, à-rua-da-Passagem, 02, ao-lado-do-Salão-Passatempo, na-cidade-de-Passa-Quatro, na-esquina-de-Paissandu."

CALOUROS

As entrevistas com calouros de auditório constituem a atração mais variada dentro do programa. Nelas, os candidatos são submetidos "a prova de voz, prova de musicalidade, prova de ouvido, de Português, de Geometria, de Catecismo, de Desenho, natação, cuspe em distância e resistência". E são invariavelmente destratados pelos locutores: "O senhor é surdo ou não escuta?", esbraveja "Otelo" para um. Outro começa a cantar e, ao emitir a primeira nota, leva uma gongada: "Desce – diz "Otelo" – o senhor não tem ritmo nenhum!"

Exemplos dessas entrevistas:

Velha (I)

Otelo: "Vamos chamar aquela senhora que está ali de sutiã branco e marrom."

Velha (Castro Barbosa): "É eu, é?"

Otelo: "É a senhora, faz favor. Boa-noite. Por que é que a senhora usa sutiã branco de uma banda e marrom de outra?"

Velha: "Não, ele é todo branco, ***sá***? Mas é que essa banda de cá parece marrom porque eu uso ele pra coar café. Aí ele vai escurecendo, ***né***?"

Otelo: "Mas a senhora usa só desse lado. Por que não usa o da outra banda também?"

Velha: "Tá furado."

Otelo: "Ah sei, o outro lado está furado... Passa pó, ***né****? Tá perfeitamente justificado o negócio. Mas a senhora está um tanto pálida... o que foi que aconteceu com a senhora?"*

Velha: "Ihhh, foi um susto que eu levei agora..."

Otelo: "Susto, é? Por que, minha senhora?"

Velha: "Porque, quando eu vinha vindo pra cá, um bruto de um ***largato*** enorme atravessou correndo na minha frente e quase que me mordeu as ***perna***, ihhh..."

*Otelo: "****Largato****? Mas era* ***largato*** *ou lagarto?"*

Velha: "Ah, não sei. Passou tão depressa que nem deu pra eu ***vê*** direito..."

Otelo: "E como se chama isso que a senhora vai cantar?"

Velha: "***Se*** chama 'É o fim'."

Otelo: " 'É o fim'? Do mundo, não?"

Velha: "Não, é só 'É o fim'."

Otelo: "Está bem, a senhora pode começar."

Velha: "Pode? Depois o senhor me esculacha aí..."

Otelo: "Não, pode, estou dizendo que pode, faz favor. Qual é o tom?"

Velha: "***Tom*** dizendo que é lá menor. Agora, ***tom***ara que seja, porque, se for maior, é espeto, ***sá***? Bom, eu vou ***cantá*** a valsa "É o fim". Lá vai, heim..."

Otelo: "Vamos embora..."

Velha (*cantando*): " 'Éeee o fimmm...' Pronto, ***cabô***."

Otelo: "Só isso? Já acabou, já?"

Velha: "Bom, se o senhor ***quisé*** eu posso repetir outra vez..."

Otelo: "Não, não, não!"

Velha (II)

Otelo: "Faça o favor, venha a senhora aí que está de combinação cor de abóbora. Boa-noite."

Velha (Castro Barbosa): "Sou eu?"

Otelo: "É. De combinação cor de abóbora acho que é a senhora só."

Velha: "Pois é, mas tem tanta gente querendo ***sê*** eu."

Otelo: "Mas escuta uma coisa: a senhora colocou a combinação por cima do vestido, o que é isso?"

Velha: "Ah, depois que eu já ***tava*** toda pronta pra ***saí***, ***sá***?, foi que eu ***apercebi*** que eu tinha me esquecido de ***vesti*** a combinação. Então, como eu ***tava*** com pressa, botei a combinação por cima do vestido mesmo, ***sá***?"

Otelo: "Bom, mas então vamos à nossa pergunta de hoje: a senhora sabe qual é o maior receio da serpente?"

Velha: "Não, não ***seio***."

Otelo: "Não sabe? Então a senhora perdeu estupidamente o prêmio!"

Velha: "É? Que me importa! Eu não preciso disso pra nada,viu?"

Otelo: "Mas, senhorita, não há necessidade de se aborrecer-se por isso. Um momento: a senhora deixou cair um negócio ali no chão. Com licença..."

Velha: "Ah, obrigada. Isso foi um retrato que eu tirei quando estive no Amazonas. O senhor ***qué vê***, eu estou aqui entre dois ***chipanzeses***."

Otelo: "Ah, deixa eu ver. A senhora é essa aqui do meio, ***né***?"

Velha: "Não, meu filho. Eu ***tô*** aqui na ponta... olha aí."

Otelo: "Ah, é? Mas como a senhora está bem! Formidável! A senhora saiu muito bem, heim?"

Velha: "Obrigada."

Otelo: "Pois então a senhora pode passar aqui outro dia pra tomar parte novamente no nosso programa, viu?"

Velha: "Tá bem. Mas escuta uma coisa: por quê que eu não ganhei o prêmio?"

Otelo: "A senhora não ganhou porque não soube responder à pergunta: qual é o maior receio da serpente?"

Velha: "E qual é o maior recheio dela?"

Otelo: "Não é recheio, não. É medo, minha senhora. Receio. O maior receio da serpente é o de que todo mundo fique careca."

Velha: "Careca por quê?"

Otelo: "Porque, se todo mundo ficar careca, de que adianta eu ser pente?"

Velha (III)

Otelo: "Faz o favor, venha essa ***senhoura*** *que está com esse vestido tomara-que-caia, cor de vinho verde quando está maduro. Essa que tem os olhos divergentes."*

Velha (Castro Barbosa): "É eu?"

*Otelo: "É, pode subir. Boa noite. A senhora sabe bem **geogafria**?"*

Velha: "**Jogá** água fria? Sei."

*Otelo: "Não, não é pra jogar água fria em ninguém, não senhora. Estou perguntando – e a senhora ainda não entendeu, **né**… é justamente…"*

Velha: "Ah, isso eu sei. Por que o senhor não explicou antes, ora essa. Isso eu sei."

Otelo: "Isso o quê?"

Velha: "Isso que eu vou ***dizê***."

Otelo: "Ah, sabe, né? Então vamos ver. A nossa primeira pergunta de hoje é a seguinte: onde é que fica Cuzco?"

Velha: "Cuzco? Ih, deve tá errado esse nome. Não é cuscuz que o senhor tá dizendo?"

*Otelo: "Não, minha senhora! Cuscuz o quê! Tá escrito aqui bem claro (Soletrando): c-o-m-l-a-ta-ta… Cuzco! Essa é a **prenúncia** mexicana, sai assim, **né**. Mas vamos ver se a senhora acerta: onde é que fica Cuzco?"*

Velha: "Ah, eu não sei. Mas eu ia pra cuscuz. Cuscuz de milho, por exemplo, que pode ***ficá*** na panela, num prato ou na barriga da gente."

Otelo: "Um momento que eu vou lhe ajudar um pouco. Cuzco, minha senhora, fica no Peru, ouviu?"

Velha: "Ah, mas isso é uma besteira muito grande. Eu tenho visto peru com farofa, com molho de camarão, peru com repolho – mas peru com cuscuz é uma besteira, meu filho…"

Otelo: "Mas não é cuscuz, minha senhora! É Cuzco! Cuzco!"

Velha: "Ah,…"

Otelo: "Compreendeu?"

Velha: "Nada, nada…"

Otelo: "Ótimo. Então vamos ver se a senhora sabe o que é que se chama Cuzco, que fica no Peru."

Velha: "Mas, ***pera*** aí, que diabo será que o peru tem que se ***chamá*** Cuzco? As ***asa*** não é. Pescoço também não é. O papo também não é… Ah, já sei ***qui*** é… Cuzco é aquela pelanca que ela tem debaixo do queixo."

*Otelo: "Pelanca… A senhora é que é de uma **pelancolia** incrível com essas respostas… Então a senhora já viu peru ter queixo? Peru tem queixo, minha senhora?"*

Velha: "Queixo é o apelido que a gente bota, ***né***…"

Otelo: "Não é nada disso! Eu vou avivar a sua memória. Cuzco, minha senhora, será uma peninha do peru?"

Velha: "Será o que, meu filho?"

Otelo: "Uma peninha... não, uma península do Peru?"

Velha: "Ah, eu ***tava*** vendo que a ***pregunta*** não era bem essa. Agora sim. Eu acho que não. O peru não é um animal ***palmítico***?"

*Otelo: "Não, minha senhora, o peru a que a senhora se refere é um animal **perulácio**, viu?, da classe dos **gluglumilho**."*

Velha: "Ah, é isso mesmo. Eles fazem 'glu, glu' e comem milho. É isso."

Otelo: "Mas, vamos ver: Cuzco será uma ilha? Será um cabo do Peru?"

Velha: "Cabo? Então peru tem cabo? Virou caçarola?"

Otelo: "Minha senhora, eu vou tentar mais uma vez. Cuzco será um pico do Peru?"

Velha: "Pico? O senhor agora vai aprender a falar: é bico que se diz, é com b. Não é com z não."

*Otelo: "Ihhh, chega. Então a senhora pretende me **corregê**..."*

Velha: "Eu não, eu não sou ***corregedora***..."

*Otelo: "A senhora não sabe que está falando com um dos maiores **espíclers** da América e quiçá do mundo? Cuzco, dona 'coisa', é uma cidade do Peru, um país da África Meridional Francesa, viu?"*

Velha: "Ah, é? Pois eu ***cuzco*** a acreditar nisso!"

Candidato nº 0.111

Otelo: "O senhor é celibatário?"

Candidato (Castro Barbosa): "Não senhor, eu sou do Estado do Rio."

Otelo: "Sobre que assunto o senhor prefere falar: sobre bordados da Ilha da Madeira, sobre crochê, sobre gatos rajados ou sobre equitação?"

Candidato: "Bom, sobre ***esquitação*** eu não tô bem treinado, ***né***. Eu prefiro falar sobre geometria."

*Otelo: "Ótimo! O senhor quer falar sobre culinária, **né**? Olha aqui a primeira pergunta... Que barbada! Qual é o filhote de galinha..."*

Candidato: "É ***povérbrio***?"

*Otelo: "Não senhor, isso é a **pregunta**! Qual é o filhote de galinha que, misturado com uma artista de rádio, adivinha a sorte? Ora, vejam só! Essa é **facilíssima**! Faz favor, auditório: não assoprem!"*

Candidato: "Sei, sim ***siô***. Filhote de galinha é pinto. Artista de rádio é Nilza. Mistura os dois, dá ***pintonilza***, que adivinha a sorte."

*Otelo: "Ótimo! Já ganhou dois cruzeiros. **Qué dobrá**?"*

Candidato: "***Dobrá*** o que?"

Otelo: "Os dois cruzeiros?"

Candidato: "Bom, pra mim tanto faz levar as notas dobradas de dois cruzeiros ou sem ***dobrá***. Eu quero é ***levá*** elas, ***né***?"

*Otelo: "Não é isso! Eu tô perguntando se você **qué dobrá** a parada! Se você responder certo à outra pergunta, em vez de dois cruzeiros, você recebe dobrado – três cruzeiros e vinte centavos."*

Candidato: "Não senhor, não..."

*Otelo: "Ah, dobra, vai... A outra pergunta é muito **fálcil. Qué dobrá**?"*

Candidato: "Não senhor, eu não sou besta! O senhor ***qué*** que eu perca esses três cruzeiros do ônibus? ***Qué*** que eu ***vô*** à pé pra casa? Meu amigo, não...!"

Sr. Explodinácio Serebentino Moreira

Otelo: "Faz favor, venha esse moço aí, aquele da segunda fila, com cara de leitão assado."

Explodinácio (Castro Barbosa): "Então sou eu!"

Otelo: "Pode subir, boa-noite. Escute uma coisa: outro dia o senhor esteve escalado para tomar parte aqui do nosso programa. Não veio por quê?"

Explodinácio: "Não vim porque a minha mãe morreu."

Otelo: "Está bem. Mas que isso não aconteça outra vez, ouviu? Eu tenho aqui umas perguntas a fazer de português e vamos ver se o senhor ganha o prêmio. Essa é difícil, heim? Como é que se chama o sujeito que matou o pai?"

Explodinácio: "É assassino! Miserável! Cachorro!"

Otelo: "Não... O indivíduo que mata o pai é parricida."

Explodinácio: "Parecido com quê?"

Otelo: "Não, parecido é uma coisa, parricídio é outra. Já perdeu um ponto. Agora vamos à segunda pergunta: como é que chama o indivíduo que mata a mãe?"

Explodinácio: "Quem mata a mãe é ***mãerricida***. Não. É ***madrisselva***."

Otelo: "Não diga asneira... Eu vou ajudar o senhor. Quem mata a mãe é marri..."

Explodinácio: "***Matricária***."

*Otelo: "O senhor acha que é **matricária**?"*

Explodinácio: "Ah, eu logo vi que era. Eu me lembrei agora porque eu uso isso nos dentes, ***sá***?"

Capa da revista Radiolândia *em 25 de junho de 1960: agora também na TV, Castro e Lauro, além dos recursos da voz, recorrem a caracterizações – no caso, uma dupla caipira na tradição Jararaca & Ratinho e Alvarenga & Ranchinho.*

*Otelo: "Pra ver se crescem, **né**? **Matricária** é o diabo que o carregue, viu? O senhor é um bocado **inguinorante**. Não acerta uma..."*

Explodinácio: "***Inguinorante*** o quê. O senhor também só faz pergunta besta. Se eu perguntar as coisas pro senhor, o senhor também não vai responder..."

Otelo: "Quem foi que disse isso? Pode perguntar o que quiser!"

Explodinácio: "Tá bom, então o senhor vai responder a essa: o senhor sabe qual é a diferença que existe entre um elevador e um fecho *éclair*?"

Otelo: "Essa eu não sei, não."

Explodinácio: "Taí,viu? Não é uma pergunta estúpida, não. A diferença é que o fecho *éclair* sobe pra fechar, e o elevador fecha pra subir!"

Sr. Elefantino Tonelada

Otelo: "O que é que o senhor pretende ser?"

Elefantino (Castro Barbosa): "Eu podia tentar o comércio, mas já vi que não tenho jeito pra negócio."

Otelo: "Não tem jeito por quê?"

Elefantino: "Uma vez, eu comprei uma vaca por 400 cruzeiros e vendi por 600. Acabei não ganhando nem perdendo."

*Otelo: "Como é que não ganhou nem perdeu? Perdão, o senhor está **erradio**! Nesse negócio de **maremática** e **arimetética** eu sou doutor! Se o senhor comprou uma vaca por 400 e vendeu por 600, o senhor ganhou 200 cruzeiros, meu amigo!*

Elefantino: "Não ganhei, não senhor!"

Otelo: "Como é que não ganhou, senhor?"

Elefantino: "Se eu comprei uma vaca por 400, não paguei, e vendi por 600, não recebi, não ganhei nem perdi."

Otelo: "Ah, bom, assim está certo."

Elefantino: (*Boceja*)

Otelo: "Que é isso, meu amigo? Tá com sono?"

Elefantino: "Ah, eu vivo com sono. Porque eu também trabalho de noite, sabe? Só vou dormir às sete horas da manhã."

*Otelo: "O senhor não consegue dormir, **né**?"*

Elefantino: "Não, não consigo, porque justamente às sete horas da manhã, quando eu começo a dormir, começa uma obra que tem do lado da minha casa, e aí começa o barulho daquela estaca de ***afundação***, estaca Franca, aquela estaca que sobe e desce, sobe e desce. Quando desce, faz um barulho miserável. Aí, quase que eu não consigo dormir."

Otelo: "Quase que não consegue? O senhor não deve poder dormir de maneira nenhuma! Porque aquilo não para, ***né****?"*

Elefantino: "Não, eu ainda dou os meus cochilos."

Otelo: "Mas, afinal, quando é que o senhor consegue cochilar?"

Elefantino: "Quando a estaca sobe. Quando ela abaixa é que eu acordo. Por isso é que eu vivo com sono."

NOTAS ESPORTIVAS

Megatério anuncia no ***Hipólito*** da Gávea, em Madureira, o jogo de futebol ao cesto entre os quadros da Associação Atlética Botafogo Futebol Clube de Remo e o Mau Sucesso de Regatas. "Otelo Trigueiro" irradia:

"Diretamente do ***Estrado*** de São Januário, nas Laranjeiras, ao lado do Morro do Pinto, ouvem a palavra desprovida de pigarros e isenta de perdigotos do maior ***espícler*** esportivo de primeira classe. Com uma assistência ***calculejada*** em mais ou menos uma porção de gente, vai ter início dentro de poucas horas o começo da grande pelada entre o São ***Cristofles*** F.C. e o América *Central.* Berascochetti movimenta o couro cabeludo cabeceando a bola no sentido de seus companheiros. A esfera coral está agora com Careca, que se ***carecateriza*** pela violência de seus arremessos e desfere um pelotaço de arrepiar os cabelos. Berinjela defende, controla a bola, suspende com a cabeça, controla novamente, passa para o pé direito. Esse passa para o Pé de Valsa, que suspende para a cabeça de Cabeção. Agora é Santa Maria, que combina muito bem com Santo Cristo. Joga mal o juiz. Pelo meu ***canômetro*** faltam apenas 99 minutos para completar meia hora de jogo. (*Megatério lê anúncio*) Enquanto meu colega dava esse anúncio, foram conquistados cinco gols, três para cada bando. Vence portanto o time que está jogando do outro lado do relógio pelo escore de 2 a 1. Tito Schippa escapa, entra na área de *Rigoletto*. A assistência tenta invadir o campo, porém a *Cavalaria Rusticana* ***tosca*** o pessoal para fora. Esse juiz é um *pagliacci*." "Oh, *Leão Cavalo*!", acrescenta Megatério. E Otelo: "Agora ninguém sabe onde puseram a bola. Está ***ex-Traviata*** a bola!"

Informa o lusitano Megatério: "O jogo realizado entre portugueses e argentinos teve o seguinte resultado: portugueses 4, argentinos... (*Gongo*)... não interessa!" Otelo intervém: "Como é que não interessa, rapaz! Argentinos 10." Megatério: "O que interessa é o jogo do Vasco, que acabou ***ôxo***." Otelo:

"***Ôxo***? Que negócio de ***ôxo*** é esse?" Megatério: "***Antão***, o-x-o! Quer dizer, zero a zero, ***ôxo***!"

Otelo explica porque o prefixo sonoro do Programa de Turfe é o ruído do motor de automóvel: "Os senhores podem pensar que estamos errados, mas quem pensar assim não vá logo atirando a primeira pedra, não. Nós queremos lembrar a todos que os motores de automóveis também têm cavalos." Otelo diz então ter comprado um cavalo de corrida de parceria com um amigo: "Do meio pra cabeça é dele e do meio pra trás é meu." Megatério: "Quer dizer que tu só ganhas quando ele chega de marcha a ré, não é?"

NOVELAS

1. "Leocardio e Maria Gertrudes"

Telefone toca (Triiimmm...)

Português (Castro Barbosa): "Alô, alô..."

Portuguesa (Lauro Borges): "Alô. Quem fala?"

Ele: "Aqui sou eu."

Ela: "É? Mas que coincidência, heim? Aqui também sou eu."

Ele: "É mesmo! Mas, minha senhora, a senhora pode fazer a fineza de informar se eu estou falando por acaso com a minha esposa?"

Ela: "Oh, pois não, cavalheiro, com todo o prazer. Mas... como poderei saber se o senhor está falando com a sua esposa se eu não sei com quem o senhor está falando?"

Ele: "Minha adorável senhora: a senhora por acaso ainda não notou que é a senhora mesmo com que eu estou falando?"

Ela: "Ah, é, iii... Como nós somos distraídos, heim?" (*Risadas*)

Ele: "É verdade... é verdade..."

Ela: "Mas, ainda assim, como eu posso saber se eu sou a sua esposa se nem ao menos eu sei quem é o senhor?"

Ele: "Pois não, minha senhora. A senhora tem toda razão, aliás. Eu esqueci de me anunciar. Eu sou Leocardio."

Ela: "Leocardio? Leocardio de quê?"

Ele: "Leocardio Calhamaço de Morais."

Ela: "Leocardio Calhamaço de Morais?"

Ele: "E ***vodes****, quem sois?"*

Ela (*irritada*): "Eu sou Maria Gertrudes da Cobrança! Por que você não disse logo que era você, sua cavalgadura!"

Ele: "Não seja ignorante, sua estúpida! Eu disse logo a você que era eu! Agora, você, em vez de dizer que era você, não me disse que era você! Assim, como é que eu podia saber se você era você ou se não era você? Você é uma idiota, uma ***mentacapa****!"*

Ela: "***Mentacapa*** é você, ouviu? Oh, meu Deus, eu não sei que graça eu achei na cara desse sujeito para casar com ele!"

Ele: "Você não pode dizer isso, sua mal-acabada! Você é uma mulher que ***inté*** *CC (cheiro de corpo) tem!"*

Ela: "É mentira sua! Como é que eu não sinto?"

Ele: "Você não sente, minha filha! Mas pra quem está perto de você é de amargar!"

2. "Frineia Descabelada" (I)

Megatério: "A PRK-30 passa a transmitir diretamente do nosso estúdio de radioteatro para apresentar o milionésimo quinze capítulo da espumejante novela *Frineia Descabelada*."

Locutora (Lauro Borges): "Ao iniciarmos o ***milhãonésimo quincagésimo*** capítulo dessa ***horripilosa*** novela, Dona Clara está num quarto escuro, sentada em cima de um abajur cor-de-rosa. A pobre senhora, depois que bebeu as uvas envenenadas, vem sentindo algumas melhoras. Seu médico, dr. Waldemar Mataleja, está à sua cabeceira tentando fazê-la beber uma colher de Leite de Magneto de Feltro. É apenas uma colher e ela não quer beber."

Megatério: "O diabo da mulher é teimosa."

Locutora: "Um momento. Não atrapalha. Se ela não beber esse troço, ela pode piorar. E, piorando, é capaz de morrer. E, morrendo, é capaz de não resistir ao sofrimento."

Megatério: "O que acontecerá, amigo ouvinte? Isso é o que vamos ver no capítulo que se segue."

(Música)

Mulher (Lauro Borges): "Ai, ai, me dói tanto o maxilar do pulmão esquerdo, doutor. Não será apendicite cardíaca no crânio o que eu tenho?"

Médico (Castro Barbosa): "Não, minha senhora. Isso, quando muito, pode ser uma ***tuberculósica sinosítica*** na vesícula biliar que a deixou de sinuca pela bola sete."

Mulher: "Não sei o que vou fazer. Eu me sinto tão agoniada com a falta de ar..."

Médico: "Calma, dona Aurora, isso não há de ser nada. A senhora, morrendo, essa agonia, essa falta de ar passa depressa. Olha, dona Genoveva, a senhora vai tomar esse remédio e vai ser de colher. Beba."

Mulher (em francês): "*Jamais*! *Jamais*!"

Médico: "Cabrinha teimosa!"

Mulher: "Eu não bebo remédio nenhum, ouviu? Nem que eu tenha que passar por cima do meu cadáver!"

Médico: "Calma, dona Júlia, assim a senhora fica neurastênica."

Mulher: "***Neurastécna*** é a comadre de sua madrinha, viu? (*Choro*)"

Médico: "Obrigado, obrigado. Mas, por favor, dona Alice, não se ponha indócil, vá."

Mulher: "Perdão, doutor. O senhor é o único amigo que me resta depois que morreu o meu cachorro Faísca. Doutor Faísca, perdão, dr. Aristides, deixe-me chorar em cima de seu ombro. Com licença... (*Choro*)."

Médico: "Um momento, minha filha, a senhora vai me fazer o favor de chorar neste outro lado do ombro, porque ontem a senhora chorou neste aqui e a manga do paletó encolheu! Agora chora do outro lado que é pra igualar."

Mulher (*Rindo*): "É mesmo. Ficou gozado, com a manga curta. E a outra é comprida. O senhor até parece com o Aleijadinho. (*Choro*) Ahhh, nunca morrer assim, num dia assim, de um sol assim e de um luar assim... (*Choro*)."

Médico: "Esteja descansada, dona Dolores. Eu juro pelas cinzas... do meu charuto que eu hei de descobrir o criminoso que envenenou as azeitonas que a senhora bebeu. Juro, dona Alzira."

Mulher: "Não, meu filho, as goiabas não estavam envenenadas. Não existe criminoso nenhum. A criminosa sou eu! Eu quero confessar: eu é que ia envenenar Ricar..."

Médico: "Ricardo, o pai da Maria?"

Mulher: "Não, a mãe! Ricarda! A mãe de Maria!"

Médico: "Mas como foi isso?"

Mulher: "Eu preparei uma limonada com veneno para Ricarda beber quando viesse da Missa do Galo. Mas depois, para ver se a limonada estava boa de açúcar, eu bebi mais de copo e meio. Estrepei-me toda! Como eu tenho sofrido, doutor Benevides. O senhor sabe lá o que é isso, sabe, doutor Alfredo?"

Médico: "Eu sei, dona Mercedes, eu sei. Mas o que é um boi pra quem tem sete galinhas..."

Mulher: "É mesmo, doutor Leovaldo. Por falar em boi, o seu pai, como tem passado?"

Médico: "Vai indo bem, obrigado."

Mulher: "E por falar em galinha, a sua... cozinheira não terá por acaso uma canja para me dar?"

Médico: "Olha, dona Escolástica, se a senhora tomar o remédio vai ser canja lhe arranjar uma canja."

Mulher: "Eu não tomo remédio nenhum, doutor Ludovico! É debalde! Eu quero é canja!"

Médico: "Mas não seja gulosa! Onde é que eu vou arranjar um balde de canja para a senhora? Quer que eu chame outro médico? Quer que eu chame o doutor Furunculino Aftosa?"

Mulher: "Não! Eu quero é canja! Canja de galinha morta! Chame a minha empregada, doutor Eutanásio. Chame Oswalda."

(*Os dois chamam Oswalda*)

Mulher: "Olho, ninguém me responde! Chamo, não vejo ninguém! Doutor, onde estará Oswalda?"

Médico: "Não sei, dona Leopoldina, mas, para mim, a Oswalda partiu."

Mulher: "Partiu Oswalda?"

(*Acorde de violão introduz conhecido* ***jingle*** *comercial*)

Os dois: "(*Cantando*) Partiu Oswalda, partiu Oswalda / Ninguém sabe pra onde foi / Partiu Oswalda, partiu Oswalda / Ela que vá amolar o boi!"

3. "Frineia Descabelada" (II)

Megatério: "No último capítulo aconteceu aquilo tudo que os senhores ouviram, e até algumas coisas que os senhores não conseguiram ouvir. Foi horrível, não foi? Tenho certeza. Porém, hoje vamos a ver o que é que vai acontecer para tirar aquela péssima impressão. Ao iniciar o capítulo de hoje, aquele sujeito está conversando com a pobre da moça, coitada... ***Bamos*** ouvi-los."

Homem (Lauro Borges): "Onorina, Onorina... venha cá. Você precisa ficar sabendo de uma vez por todas que ela..."

Mulher (Castro Barbosa): "Já sei, já sei de tudo. Aliás, você me disse..."

Homem: "Não, eu não disse isso! Você bem sabe que foi o Benevides que..."

Mulher: "Bom, mas isso foi quando ele..."
Homem: "Não, senhora! Foi muito antes. Eu tinha certeza de que naquela noite, depois do..."
Mulher: "Bem, até aí você tem razão, mas..."
Homem: "Perdão, perdão. Naquele dia eu já tinha..."
Mulher: "Duas grandes, eu sei. Porém, não é necessário. Aliás, você quer saber de uma coisa?"
Homem: "Não quero saber de nada. Pode dizer."
Mulher: "Você sabe quem foi que fez aquilo?"
Homem: "Não sei, nem quero saber. Quem foi?"
Mulher: "Foi..."
(*Música*)

4. "Atire a Terceira Pedra"

Mulher (Lauro Borges): "Conforme vocês ignoram, há mais de 17 anos que eu estava quase noiva de Benedito. Ele era um rapaz muito bem colocado: de dia vendia modinhas na rua, e de noite vendia pipocas na porta do circo. Dono de uma voz suave e quase destituída de gosma. Quando eu passava com o Benedito pela porta das nossas vizinhas, estas, invejosas, diziam sempre: 'Será o Benedito?' Era o namoro mais vitalício do século 23. Hoje pela manhã resolvi falar a sério com o Benevides a respeito do nosso casamento." (Ao longo da novela, o nome do noivo vai mudando: Horácio, Leôncio, Alfredo, Bernardo, Ricardo, Alcides).

O noivo (também Borges) diz que precisam marcar o casamento "o mais breve impossível" e escolhe "hoje mesmo". A noiva recusa por não ter comprado vestido nupcial "nem flores de bananeira". Mas o noivo afirma que só quer "marcar hoje para marcar a data". Ela pede então que escolha o dia: "***Pera*** aí, em que mês nós estamos? Maio, ***né***? Maio, julho, junho, agosto, março, fevereiro, novembro, dezembro e setembro. Setembro tá bem?". (Marca então para onze anos depois.)

Para celebrar a "marcação diagonal" no noivado, o casal vai ao Zoo do Rio, na Quinta da Boa Vista, percorrendo itinerário absurdo, incluindo a barca Rio-Niterói. Os dois pedem a um guarda (Castro Barbosa) que lhes mostre os animais mais interessantes, e o noivo indaga: "Escute aqui, seu guarda, aqui também tem passarinho, não tem?" Resposta: "Tem passarinho. Tudo quanto é mamífero, seja de pena ou sem pena, tem aqui." O noivo quer saber então da

capimvara. E o guarda: "Oh, senhor, ***capimvara*** é passarinho, meu filho. ***Capimvara*** é um ***lampucélio*** da família dos ***palmitos***, e é o precedente da África meridional franco-amazônica."

O noivo pergunta então sobre a jaula "das formigas de 2,20 metros de altura", e o guarda responde: "Ah, devem ser umas tais de ***dinossauras***, não é? Mas isso só dá lá pra região da Pampulha, na África, ou então em Brás de Pina."

Diante da jaula do leopardo, a noiva pergunta: "Como se chama esse bicho? Não é Leonardo?" O noivo corrige: "Não, ela quer dizer Leopoldo." Ao que o guarda retruca: "Foi pior a emenda do que a ***sineta***. O nome é Leão Pardo." O noivo discorda: "Leão é marrom. Você já viu Leão pardo?"

Noivo e guarda acabam brigando "como duas feras". Vendo que o noivo leva desvantagem, a noiva atira duas pedras no guarda, errando o alvo. O noivo acaba fugindo e ela nunca mais irá vê-lo. "Bem sei que muita gente condena a minha falta de pontaria" – conclui. "Bem sei que existe alguém que jamais admitirá que se possa errar duas pedradas num só dia. Pois que esse alguém, com a força da sua ***cavocação***, atire a terceira pedra!"

5. "Neguinho e Piraci"

Neguinho (Lauro Borges) é bruto e agressivo com sua mulher Piraci (Castro Barbosa), que no entanto consegue domá-lo com sua voz doce e meiga ("Oh, Neguinho, como você é grosseiro, que brutalidade..."). Neguinho reage indignado quando Piraci tenta convencê-lo a adotar outra criança além da que já adotaram, planejando uma companhia para o menino: "Ele não tem com quem brincar, Neguinho. Tadinho dele, não é, Neguinho?" Ao que o marido retruca: "É, mas eu não brinco com ele quando chego do trabalho? Não deixo até ele montar nas minhas costas como se eu fosse um cavalo?". Exclama então Piraci: "Ah, Neguinho. Você fica tão perfeito fazendo cavalo, Neguinho. Eu, se fosse você, nem queria ser outra coisa." O marido agradece: "Muito obrigado, muito obrigado." E acaba concordando.

Na noite seguinte:

Piraci: "Ô Neguinho, você já chegou, já?"

Neguinho: "Não! Não cheguei, não! Hoje vou chegar um pouco mais tarde."

Piraci: "Ó, por que você vai chegar mais tarde, heim, Neguinho?"

Neguinho: "Ò Piraci! Você não está vendo que eu estou aqui? Que eu já cheguei, Piraci ?!?!"

Piraci: "Ó, é mesmo, eu não tinha reparado. Desculpe, sim, Neguinho?"

Piraci diz que as duas crianças combinam bem e ficaram quietinhas.

Neguinho: "Muito quietinhas! Até agora só fizeram o seguinte: cortaram as minhas calças de smoking, *botaram cinza de charuto no olho do peixe do aquário, puseram o papagaio na geladeira e salpicaram as minhas camisas brancas com bolinhas de tinta nanquim. Só isso, mais nada!"*

Piraci: "Ó, que exagero! Neguinho! O que é que tem? Até foi bom porque você não tinha nenhuma camisa branca com bolinhas pretas, ***né***?"

HORA DA GINÁSTICA

Professor Reinaldo Muniz Magalhães (Lauro Borges): "Vamos fazer agora o exercício 333.333 vírgula 3. Olhem bem na gravura. Todos de cócoras, com os pés para cima. Isso! Vamos dar cinquenta pulos pra frente. Assim, assim, assim... Respirando somente pela boca e pelo ouvido esquerdo. Agora, quero ver todos marchando ao som desta bonita valsa vienense. (*Piano toca 'Pirata da Perna de Pau'*). Vamos marchar com alegria. Um, dois, um, dois, três, quatro, 47, 52... Alto! Agora respirem com força, para fora. O senhor aí, de casaca amarela: não respire com tanta força! Pode faltar ar para os outros! Não seja egoísta!"

"Agora, todos de quatro no chão para o exercício chamado de 'cachorrinho'. Isso! Levante a perninha direita, abaixe a perninha direita, levante a perninha direita..."

Megatério: "Um momento, professor, mas esse 'cachorrinho' só levanta a perninha direita por quê?"

Professor: "É porque ele é canhoto. Vamos ao exercício chamado 'saca-rolha', que é feito com ajuda de uma pessoa da família. Um: pegue a pessoa e vá torcendo seu pescoço com toda a força para a direita, assim como a gente torce o pescoço de um frango. Vá torcendo até estalar. Segure firme. Não se incomode com os olhos da pessoa, que ficam espichados como sapo-boi. Não solte. Depois, sim: a cara do parceiro já deve estar meio estúpida. Se ele desmaiar, não se preocupe: um balde d´água pode ser que faça a pessoa voltar à si outra vez. Este exercício é ótimo: facilita a gente virar a cabeça por todas as posições e dar três ou quatro voltas completas ao redor do corpo."

Megatério: "Isso é que é conforto! A gente se vê por todos os lados sem espelho. Uma maravilha!"

Professor: "Passemos ao exercício que se intitula 'boa bola'. É um exercício só para homens, porque é um pouco pesado, violento. Atenção! Os senhores ginasticistas devem fazer esse exercício completamente vestidos, de calça, colete, paletó, gravata, como se fossem sair. Vamos começar! Primeiro, passem a perna esquerda por cima da cabeça e enfiem o pé direito no bolso traseiro do lado esquerdo da calça. Isso! Faça força que vai! Agora, pegue o pé que sobrou e faça a mesma coisa com ele: enfie-o no bolso traseiro da calça que está vazio. Meu amigo: você está quase redondinho, você está quase uma bola! Só sua cabeça é que está atrapalhando. Pegue a sua cabeça e enfie-a no bolso do colete. Isso! Agora, você é capaz de ir rolando até a porta do seu escritório, da sua repartição, de sua fábrica, sem gastar dinheiro, sem perder tempo esperando condução. Chegando lá, você desmancha essa bola e vai trabalhar disposto, alegre, satisfeito."

"Deitem-se agora de costas para o chão e levantem as perninhas pra cima, como se fossem um franguinho assado de confeitaria. Agora vamos dar um forte impulso pra cima, subir uns três ou quatro metros de altura e, ao cair, vamos todos plantar uma bananeira de cabeça pra baixo. Atenção, já! Isso! Gostei de ver! Dizem que todo homem deve ter um filho, escrever um livro e plantar uma árvore. E assim, com esse exercício, você, meu ouvinte, já cumpriu uma dessas missões, plantando uma bananeira."

"Agora, abram bem os braços pra trás. Levante o calcanhar esquerdo e coloque-o debaixo do sovaco do mesmo lado. Não saia dessa posição nem que um marimbondo lhe morda a ponta do nariz! Atenção aí: o senhor de calção rasgado, não fuja! Encoste-se na parede e faça o seu exercício. Todos firmes! Posição de sentido! Levante um pé acima da cabeça. Agora levante o outro. (*Ruído*) Ih, desculpem. Rasguei o calção!"

Megatério: "Amigos ouvintes, pausa para mudar o calção."

BOA-NOITE

(Otelo Trigueiro ao som de *Rêve d'Amour*, de Liszt, ao piano)

(*Tema: Automóveis*) "Minha querida ouvinte. *Mercedes Benz* com a tua benção a poesia que *Nash* neste instante no meu coração e que eu não *freio*. Quando eu te falo, eu bem sei que as coisas do lado de *Cá e de Lac* deste mundo se transformam! *Para a brisa*... o vento para! *Para o choque* nas eletricidades, e as minhoquinhas se dirigem *para a lama*! E você, que é *auto*-ridade no amor, quando está de maiô *Buick*ini, *Kaizer* faz a gente ***derrapá*** no ***osfalto***! Desculpe se esta *Fraizer* não está muito clara, muito *Perfect*! Há muito tempo, não é *Dodge* que os meus co-*léguas* me chamam de amigo *Hudson*, apenas porque eu sei conversar, porque eu sou o mais *conversível* dos locutores! Querida, *Fiat* no que te digo e o nosso amor estará sempre na *Vanguard*. Eu não de-*Volvo* o teu afeto, sem paixão. E se um dia eu for fazer uma serenata *De-Soto la tua finestra*, espero que você não vá me *Jaguar* um balde d´água em cima... (Megatério interrompe: "Ô Otelo, tudo isso aí é ***trucadilho***?". Responde Otelo: "É, rapaz, você não está ouvindo?" Megatério: "Então, por que não *Morris*?" Otelo: "Vai ***plantá*** batata!") Querida, eu quero que você *Sinca* por mim o que eu *Sinco* por você. (Megatério: "Quer dizer que é cinco vezes cinco?" Otelo: "Não atrapalha, *barbeiro*! Vai pro *ferro velho*!") E assim, meu amor, *caminhão*-remos *Ford*-mente unidos para a glória! Em qualquer *Citroen*-ção, você sempre *Renault* e reinará no meu coração. E agora, um aviso para a minha namorada Izeta: olha, você se a-*Roma-Izeta* que eu ***vô*** te ***buscá*** para ir no cinema, viu? E agora o boa-noite para vocês do famoso, do *Plymouth* inter-pares dos ***espíclers***... (*Palmas, aqui, para o grande poetiso!*)"

(*Tema: Óperas*) "Boa-noite para vocês. O meu boa-noite desta noite é dedicado às minhas fãs operárias, às amantes da ópera. É para vocês, *celestes aídas, madames baterflis, toscas de puccinis, mano lascouves, aidas de verdi* ou de amarelo, pobres *desdemonas* que, embora sabendo que o seu Otelo leva uma vida de *boheme*, deixam rolar uma furtiva lágrima, mas adoram-no cada vez mais. É por esta razão que eu sinto uma *forza* indômita, e, tal qual um *mefistóles*, consigo dominar esses *pagliacci* que, com *la faccia in farina*, não querem render a homenagem que eu mereço."

(*Tema: Frutas*) "Queridas fanzocas do coração. Vocês para mim são os *frutos* proibidos do *pomar* da existência. Você não adivinha como eu fico triste quando vejo uma *uva* dessas parecidas com a Eva que comeu a *banana-maçã* no Paraíso, e não posso mexer com ela, porque a minha posição ***artístrica*** não permite que eu *a mexa*. Não é que eu seja indiferente. *Abil*-solutamente. Ainda agora acabo de receber uma carta das senhoritas Naná Primeira e Naná Segunda, que se queixam de eu não ir com elas lá em *Mangueira. Ah, Nanás*, se vocês soubessem o *abacaxi* que eu tenho que descascar, se vocês conhecessem o meu *romã*-ce, se vocês soubessem como eu estou *morango* longe... Atualmente, queridas, eu moro na *pinha*, ou, quero dizer, na Penha, e, embora você ***exinja*** que eu vá vê-la, e embora eu dese-*jambo* ir, eu peço-lhe licença para dizer que é impossível. Você, Naná, be-*melancia* o meu amor, mas assim com essas exigências você não *laranja* nada. Os ouvintes hão de dizer que eu estou *melão*-cólico hoje, que eu estou azedo como *limão*, mas é preciso que Naná saiba que comigo ninguém *manga*, que vocês, outras *cerejas* de Copacabana, *tâmaras* mimosas das *Laranjeiras*, é preciso que vocês saibam também que eu não sou *jaca* pra me dividir em pedacinhos. Tenham paciência. E para você, querida fanzoca Caro-*lima Damasco*, da cidade de Ara-*caju*, a quem eu prometi mandar um *jaboti* que eu tinha, aviso que não vai poder ser porque o *jaboti caba* de morrer."

(*Tema: Aves*) "Boa-noite, mimosas *pintassilgas*, canoras *canarinhas* cheias de *garça* e beleza, que vivem *engaioladas* no meu coração, que é um *viveiro* de *aves* de linda *plumagem*. Este meu boa-noite de hoje, minhas *piriquitinhas*, é dedicado à minha fanzoca *Anum*-ciata, da cidade de *Araras*. Mas vocês, amáveis *rouxinolas*, *faizão* de conta que eu vos lhes dedico-vos a minha voz. Nas minhas noites *pavão*-adas de sonhos, eu, um simples a-*perdiz* do amor, um *melro* principiante, fico todo encabulado quando você me *pega* no queixo e me *beija-a-flor*. E se você me chama de seu *marrequinho* e me dá umas *bicadas*, eu chego a *colibri* o rosto com as mãos. Isso, às vezes, parece *ganso*-ada, mas a verdade é que mais uma vez eu me *corvo* ante a sua beleza. Você me disse que anda *inhambu*-rrecida e só me *urubú*-servando. Disse que eu sou um *cisne*-co porque não lhe escrevo mais. Porém, querida, eu *juriti* que não é por vin-*gansa* que eu não te escrevo. (*Cu-co, cu-co, cu-co*) O *cuco anum*-cia que já está na hora de terminar. Mas se a saudade ficar ca-*tucano* o teu coração, chora, querida, porque a lágrima que *rola* dos teus olhos, *sara/cura* a tua dor. Boa-noite, querida *rolinha*."

UMA ARTE INVISÍVEL

"FAÇO HUMORISMO EXPLORANDO O AVESSO das coisas, o outro lado da vida", disse Lauro Borges. "Compreendi que os atos mais sérios, os momentos de maior compenetração, quando encarados pelo avesso, são um manancial inesgotável de humor. É preciso apenas alguma prática para se conseguir bom efeito. E a prática manda que nos coloquemos em um ângulo imaginário capaz de transformar aquilo que desejamos em algo mais ou menos engraçado. Por exemplo: ao ver na rua uma senhora respeitável, bem vestida – dessas, porém, que na balança pesariam cento e muitos quilos –, podemos, em um abrir e fechar de olhos, dependendo do ângulo em que nos coloquemos, transformá-la, imaginariamente, no jóquei que irá pilotar o cavalo favorito do próximo Grande Prêmio Brasil. E daí a atribuir a derrota do campeão ao excesso de peso, é coisa fácil. Fácil e maluca, mas mais ou menos engraçada."[88]

Nonsense, imaginário, inocência, imprevisibilidade – em poucas palavras está resumido pelo comediógrafo o estilo da *PRK-30*, síntese de todos os elementos anteriormente apartados em suas contribuições ao humor radiofônico, desde *A Buzina* ostentando o traço comum da destreza na imitação vocal. Ao modo de autocrítica do próprio veículo que a sustenta – uma "estação de rádio" dentro do rádio, desmistificando programações e valores – apresenta-se sua mais famosa criação no ponto de partida. Paródias de números "jornalísticos", "publicitários", "dramáticos", "musicais" ou "poéticos" compõem esse arranjo formal. Mas a genuína matéria-prima está no olhar observador sobre o campo de vulnerabilidade do mais banal *fait-divers* do cotidiano, capaz de extrair o que há de "oculto" no rotineiro e no ordinário ou edificar figuras de comportamento facilmente identificáveis pelo senso comum. São debitadas a modelos etnográficos de múltiplas regiões e classes sociais do país as vaidades diminutas, as ambições pueris e as frustrações sublimadas dos que se valem do microfone na *PRK-30*: em sua carpintaria de humor, Lauro Borges satiriza fundamentalmente a indigência intelectual e a desinformação do *homo brasiliensis*, sua ascendência lusitana ou o colonianismo e a desnacionalização cultural. Sem notar, a maioria dos ouvintes vê-se retratada no programa e simplesmente termina rindo de si própria, através de uma cadeia de *sketches* cujos protagonistas se reconhece a cada esquina.

De tão impagavelmente desvairada, no entanto, essa tipologia não se encontra aqui, mas em outra existência, quimérica e graciosa, acionada pela varinha de condão de um prestidigitador do verbo. Existência para além do mundo e que tudo subverte, a começar pelo sentido de causalidade, o espaço e o tempo* – uma terra de insensatas razões, bufônicas condutas extemporâneas e retórica incoerente, na qual a ordem natural das coisas ao alcance habitual do ouvinte é transgredida por meio da desarticulação das convenções e da lógica elementar da linguagem. A utopia da *PRK-30* acha-se calcada na desorganização imprevisível do mundo, na desarrumação do sistema de pensamento estabelecido. Cintila no universo mágico da anarquia, como destacou Castro Barbosa: "A característica principal da *PRK-30* está no absurdo, dentro de uma vida também absurda."[89]

Apurada tecnicidade oculta-se por trás da aparente folia caótica: o léxico do programa chega a constituir um dialeto próprio, um discurso oral saturado de maneirismos vocais e traços fonológicos surpreendentes pelo mais radical desrespeito às enunciações linguísticas – seja por simples vulgarismo, seja por formas híbridas, seja pela deturpação do vernáculo e da sintaxe. O galhofeiro *nonsense* rompe a disciplina gramatical, afronta as normas vocabulares, pulveriza a ordem semântica. Lauro Borges emprega a retórica dessas articulações com piruetas singulares de locução e pronúncia para robustecer a quase absoluta carência de nexo de raciocínio: trocadilhos sistemáticos, erros de sintaxe, concordância e regência, corruptelas, cacófatos, aliterações e hipérboles grotescas, sílabas desarticuladas, inversões de formas oxítonas e paroxítonas, babel de estrangeirismos bisonhos, acidentais neologismos, gírias e pleonasmos. Em suma, toda sorte de desconstruções léxicas, fônicas e gramaticais adequadas para servir ao motivo central do programa em sua imersão no absoluto delírio: incultura e retardo mental.

No subtexto, não desabonam a singeleza da caricatura de Lauro Borges tendências a inquietações depressivas e mesmo arroubos de humor negro, desapercebidas pelos críticos da época. Claramente, a afabilidade de seu repertório de gracejos, abolindo a maledicência venenosa, expressões de duplo sentido ou indícios de sordidez,** disfarça o "sinal demoníaco do homem"

---

* Exemplos: "Otelo só não aceitou trabalhar nos *United States* porque não se dá bem com o clima da Europa"; "Em sua domingueira de todos os dias, exceto aos domingos, das 11h30 às 10h45."

** O já decantado *ethos* do programa não decorre de um puritanismo de época: a mídia dos anos 1940 e 1950, como foi observado, considerava mesmo *PRK-30* exceção entre os cultores do humorismo radiofônico, "aviltados", como se dizia, "pela indecência e a licenciosidade". Quando muito, Lauro Borges sugere que Baudelaire atribuiu ao senso de humor. Não poderia, contudo, suprimi-lo. A uma análise mais acurada, percebe-se o quanto *PRK-30* associa a alegria traduzida pelo riso a sentimentos de desdém por personagens "inferiores", "indignos", "deformados", "feios", que sofrem de fraqueza ou debilidade desprezíveis. Isso nada mais é do que a própria expressão natural da ambiguidade do humor, segundo Georges Minois (*História do Riso e do Escárnio*): à inocência dionisíaca da liberdade total, contrapõe-se a "perversão satânica de uma humanidade que não foi resgatada do pecado original". Em *A Arte da Retórica*, Aristóteles chega a igualar a zombaria à injúria (desonramos o outro para nosso divertimento), e Hobbes (*Os Elementos da Lei*) deduz que todo riso é desdenhoso porque, através dele, podemos consumar uma espécie de autoglorificação. Por esse ângulo, *PRK-30* também embute um mundo sem benevolência, depreciador, cruel e ingrato. Se aparenta mera "travessura de criança" é somente com os retoques da arte de Lauro Borges, que o suaviza a ponto de torná-lo inofensivo. (Um paralelo adequado haveria entre as entrevistas com "calouros" do auditório e a sequência de *music hall* do autobiográfico *Roma*, de Fellini, onde cantores e dançarinos mambembes são ridicularizados por uma plateia debochada.) Nada é capaz de suscetibilizar o ouvinte, por mais identificado que possa estar com as agruras de seus personagens. Nem o apego a deficiências físicas (decrepitude, gagueira, obesidade, esclerose cerebral, surdez), nem a "carência de felicidade" traduzida seja na autoestima lesada de criaturas desditosas ou no desacerto de relações interpessoais meramente solertes, seja, em particular, na degradação de valores afetivos e românticos. São ignorados o amor, o belo e a prosperidade: no trato conjugal, o afeto é substituído por insultos demolidores, não há formosura no corpo humano, singular misoginia encarrega-se de escarnecer de aspirações e aparências femininas, toda ação prática equivale a um humilhante revés. Até a morte, além de merecer chistosas "notas de falecimento", embrenha-se, desdenhosa, em

---

expressões hoje no linguajar corrente: na "Canção do Eco", para repercutir a palavra "vagabunda", em vez de "bunda", recorre-se a providencial assobio; quando o candidato a cantor "Quintino Reis de Bastos", pela assinatura ilegível, tem o nome confundido com "Quinhentos Réis de Besta", comenta "Otelo": "Podiam ler pior!", referindo-se a "bosta". Em raras ousadias do *script*, verifica-se, pelo riso excitado da plateia, o quanto podia ser "indecente" a própria natureza: um anúncio de produto "para seus mamões" (entende-se, não a fruta, mas os "pecaminosos" seios femininos) ou uma simples sugestão do estado de gravidez (subentendendo a "mácula" do ato sexual) são bastantes para que os espectadores dos anos 1940 e 1950, acanhados, se entreolhem, sorrindo por uma "graça proibida".

grande parte dos *sketches*, como se fosse este, em suma, um programa destinado a exorcizar as vãs esperanças e os desapontamentos inevitáveis do senso comum, redimindo-os pelo "riso inocente" que tudo serena e distancia.

De outra parte, *PRK-30* representa um ponto de encontro de todos os modos de atravessar o cômico ignorando os pecados da alma popular, "sem maldade, injúria, calúnia ou ofensa", como disse o autor. Sua verve é atemporal, a despeito de alusões datadas em sua sátira de costumes,* e habita um universo de candura, etéreo e imaginário. Alude-se à demagogia eleitoreira, à falta d´água e à carestia, fala-se da corrupção política e das deficiências do transporte urbano, brinca-se sem irreverência com dissabores do "espetáculo da vida", mas nesse faz-de-conta não há espaço para posturas ideológicas ou interferências de comentários sociais. A carga de bestidades remete a si própria, sem significações subjacentes ou ulteriores. Assexuado, alheio ao escatológico e à teratologia, o humor sem polêmica, preconceitos ou engajamento de Lauro Borges é também desembaraçado de toda emoção (nem piegas nem piedoso), mensagens políticas ou religiosas, leituras subentendidas.** Rudes ou iletrados, velhacos ou atoleimados, jamais seus personagens deixam de ser criaturas adoráveis, porque nelas não existe o Mal.

Inclina-se assim *PRK-30* sobre as fontes mais límpidas da comicidade, bem delineadas até por pensadores do porte de Kant e Bergson. "O riso é um afeto que resulta do súbito aniquilamento da tensão de uma expectativa" resumiu Kant. Em outros termos, Bergson reitera: "Obtemos uma

---

* Expressões como "Mula Manca", "Pata Choca", "C.C." (cheiro de corpo), "boi na linha", "é pau" (no sentido de "é chato"), "Que medo, ô!" (referência ao programa *Incrível, Fantástico, Extraordinário*); menções a Barreto Pinto (deputado cassado em 1946, depois de posar apenas de fraque e cuecas para o fotógrafo Jean Mason, de *O Cruzeiro*), Pedro Vargas (cantor mexicano), Oswaldo Ulhoa (jóquei), Oswaldo Diniz de Magalhães (professor de ginástica em programa de rádio); codinomes para astros radiofônicos, como "Vasconsil de Teofilo" (Teóphilo de Vasconcellos, locutor de turfe), "Os Três Gêmeos Vocalistas", "Os Garotos do Pandulho" etc. Naturalmente, há sincronismo com hábitos e fatos em destaque no período ou paradigmas que o tempo superou (percalços pela mudança da capital para Brasília ou a precariedade de simples conexões telefônicas entre Rio e São Paulo servem de exemplo). Casos mais nítidos de modismos em desuso são charges a *jingles* comerciais e *sketches* com duplas caipiras, populares na época, como Jararaca e Ratinho e Alvarenga e Ranchinho.

** Não era projeto de Lauro Borges "levantar problemas políticos-culturais de grande importância para a época", conforme a interpretação de Miriam Goldfeder em *Por Trás das Ondas da Rádio Nacional* (Editora Paz e Terra, Rio, 1980).

expressão cômica ao inserir uma ideia absurda em um modelo consagrado de frase." Tal "ideia absurda" realiza-se, em essência, por inversão (obtenção de um sentido pela troca da ordem da frase), interferência (dois sistemas de ideias que se superpõem) ou transposição (a expressão natural de uma ideia deslocada a outra tonalidade, como seja, digamos, converter o solene em trivial, o respeitável em medíocre).* Logicamente se verifica que, elementar para efeito literário, a técnica ostenta contornos específicos no caso da emissão radiofônica. De uma parte, tanto na literatura como no rádio, nada está ao alcance dos olhos, a significação do texto subentende a ausência da imagem, a frase substitui seu equivalente gestual, a linguagem é gesto, a palavra é coisa. Mas a radiofonia acrescenta a presença ritualizada da voz: o dizível substitui o visível. Ao contrário do que parece, não há desvantagem em relação às artes cênicas, posto que a abertura do espaço total para a fala e a "invisibilidade do corpo" representam um ganho simbólico sobre o gesto. Ernst Cassirer observou que "o som flutua no éter da significação" – ou seja, quanto maior for o distanciamento da matéria, mais complexa é a simbolização.[90]

Assim, por atribuir à dicção esse valor semiológico, Lauro Borges afirmou que "*PRK-30* é um programa que nasceu para ser ouvido", prescindindo necessariamente de seu correlato imagístico. Nele, o dado significante da prosa exige mesmo a imaterialidade do significado – parte oculta de seu signo – para que se consolide na plenitude a expressão de humor. Isso não dispensa, antes requer a contribuição do ouvinte, a quem cabe preencher a falta aberta por palavras que apontam para o invisível. *PRK-30* celebra o império do imaginário: sua emissão serve de análogo a personagens e situações irreais, perpetuamente ausentes, que não se encontram nem no aparelho receptor de rádio nem nas ondas sonoras. É a imaginação do ouvinte que reduz a nada aquilo que lhe é dado concretamente (a palavra falada) para apreender

---

* Inversão: "O único partido político que promete o que cumpre", ou "água dura em pedra mole tanto fura até que bate". Interferência: "Conforme ninguém esperava, fulano interpreta em primeira audição, para atender a pedidos." Transposição: "Para vereadora, vote em beltrana, do partido tal – uma mulher que sabe fazer um cozido como ninguém!" Outro modelo de *nonsense*, pela total ruptura de coerência contextual, pode ser exemplificado pelo diálogo entre "Otelo Trigueiro" e uma pessoa do auditório chamada "Rosbife-Piérre". Diz "Otelo": "Se não me engano, Rosbife-Piérre era o nome de um grande general alemão, nascido na Bélgica e que tomou Varsóvia na guerra do Paraguai, não foi?" Resposta: "Foi, sim **sior**. Poxa! O **sior** conhece bem a Bíblia, heim?"

e animar aquilo que *não é* (o personagem irreal). Ouvir a *PRK-30* representa uma modalidade de ver nada, valer dizer, captar algo totalmente destacado do mundo real e que não está disponível à percepção. Ter uma imagem de cada um de seus tipos característicos é o mesmo que não vê-los realmente, e sim deixar-se seduzir por uma abstração cômica, uma ideia humorística. Com isso, a palavra foge ao domínio de seu criador e ganha vida própria ao ser afetada por essa imaginação. "Não é o personagem que se realiza no intérprete, mas o intérprete é que se irrealiza no personagem."[91] Constitui assim o intérprete, pelo análogo verbal, um objeto irreal, o personagem, que dele se liberta para "ser" desta ou daquela maneira, dependendo da imaginação de cada ouvinte. Ou seja, haverá tantos "Otelos" e "Megatérios" quantos forem aqueles que os escutam.

A breve trajetória da *PRK-30* pela televisão deu sentido à resistência de Lauro Borges em ajustá-la ao novo veículo (consentiu apenas em reproduzir frente às câmeras a forma radiofônica original). Enquanto, no rádio, a variedade de vozes estabelece um campo de criaturas imaginárias, o adendo da visão faz declinar a significação e o poder nominativo da mimese vocal (peça de resistência do programa) em favor do predomínio da gesticulação e da expressão fisionômica de dois atores, dissipando-se o encanto. Como sublinhou Mário Lago, "o rádio desenvolveu um feito que a televisão inevitavelmente anulou – a imaginação do ouvinte –, pois no rádio imaginávamos o que queríamos."[92] Por princípio, exige a *PRK-30* a exclusão do fator cênico, suficiente para destruir a ilusão que Lauro Borges pretendia criar. (O reverso deu-se com Chaplin ao recusar o cinema sonoro, a seu ver capaz de anular a arte da pantomima.) É em seu meio natural, a radiofonia, que a *PRK-30* acha-se em condições de acolher o ouvinte naquilo que pretende: uma viagem ao impossível, gratificando-o com uma espécie de sonhar acordado, de olhos abertos, no frágil equilíbrio entre o imaginário e o real.

Igualmente por princípio, a sonoridade distintiva do programa advém de um movimento conjugado de redução e expansão: são apenas duas vozes para dezenas de dicções com ampla variedade de pronúncia, inflexão, intensidade e timbre. Da relação binária que se conserva como fundo estável – Lauro Borges é "Otelo Trigueiro", o locutor oficial, e Castro Barbosa o lusitano "Megatério Nababo d´Alicerce", que introduzem, participam e a quem cabe o arremate de cada "programa" – parte-se rumo à multiplicidade de entonações singulares com as quais, revezando-se sucessivamente, os dois intérpretes despem-se de um personagem para recompor outro, detonando a aparente desordem da profusão de erros e absurdos.* Soberano o verbo, é preciso instalar criaturas e ambientes contando apenas com a arte da emissão da voz, incluindo também sotaques, alterações de acento, ênfases fonéticas, reticências. Os efeitos mais poderosos são causados através de pequenas nuances, como um desvio bem simples de voz, a cadência de cada frase, uma entonação irônica, uma pausa estudada (na qual se imprime com plenitude a pulsão interna do silêncio), realçadas pelo emprego de onomatopeias e nomes ou expressões esdrúxulas ("esborrachar-se", "filó", "paralelepípedo", "papo", "deleite", "pança", "cuscuz", "pelanca", "tatu", "bucho", "pecúlio" etc.). Verifica-se inclusive na *PRK-30* a autossuficiência da voz na exteriorização da hilaridade: enquanto os *scripts* do programa postulam a fala e nela se sustentam, não há recíproca, pois a primorosa vocalização, caracterizando este ou aquele personagem, adquire certa autonomia, não depende em absoluto do discurso do *gag*, basta-se a si própria, pode dispensar *o que é* dito para que o picaresco se destile apenas no *como é* dito. Quer dizer: em seu fundamento, a graça da *PRK-30* decorre simplesmente do aspecto articulatório e acústico da fala. Todo o contexto, neste sentido, é suplementar.

"O humor no rádio – disse Lauro Borges – exige especial habilidade na apresentação das piadas, mantendo-se sobretudo o ritmo necessário para atingirmos o efeito desejado. Às vezes, uma frase dita apressadamente, ou, ao contrário, retardada, a vivacidade da exposição ou a lentidão intencional, os recursos, enfim, que um bom intérprete conhece, podem valorizar extraordinariamente uma piada. A inabilidade para dosar essas coisas pode deitar tudo a perder."[93] Com efeito, é possível debitar às performances dos que ocupam o microfone da *PRK-30* a capacidade de efetivar o que os *scripts*, desprovidos que são de compasso, harmonia, ritmo ou tonalidade, limitam-se a sugerir. Embora Lauro Borges escrevesse o programa sozinho, sempre contando com o senso de improvisação de Castro Barbosa, procede a noção de que não seria de todo inadequado repartir entre ambos a "autoria" da *PRK-30*. Aperfeiçoada desde o encontro inicial em *Hora Só... Rindo* (1936) e, sobretudo, nas configurações preliminares do programa (*PRV-8* e *PRK-20*), a perfeita simbiose de dois prodígios da mimese fonética efetiva a hilaridade do texto como condição *sine qua non*. Se suprimida ou alterada, ficam em suspenso

---

* A possibilidade permanente de intervenções de parte a parte sustenta a relação binária ainda que em solos como noticiários e anúncios. Originariamente, era suprimida apenas no tradicional desfecho, em que Lauro Borges ocupava o microfone em números de canto (fados de "Maria Joaquina") e poesia ("Otelo" despede-se das fãs ao som de *Rêve d´Amour*, de Liszt).

os predicados da *PRK-30*, assim como não há cor sem forma ou som sem volume e timbre. Lauro Borges e Castro Barbosa compõem uma unidade sintética de tal ordem que se torna difícil muitas vezes dissociar um do outro, duas faces que são da mesma moeda – e a essa interação deve-se a capacidade do programa para sustentar um desenvolvimento metódico de sua mecânica do *gag* resistindo a um sem-número de repetições, verdadeiro triunfo sobre a saturação de uma fórmula.

Não há demarcações para proezas linguísticas que fazem reverberar, nesse concerto de virtuoses, sutis cadências, modulações, trinados, ornamentos e floreios sonoros: vozes altissonantes ou sussurradas, roucas ou pastosas, estridentes ou crepitantes, desarticuladas, finas, soprosas, desafinadas ou em falsete. Vibram na *PRK-30* cordas vocais aptas a desafiar padrões de fonoaudiólogos com imitações essencialmente significantes. A sonoridade indicativa de cada personagem – uma velhinha surda, um grosseiro iletrado, um locutor pedante, um gago nervoso – é a ferramenta única de definição de caráter, têmpera e situação, bastante, por acuidade e destreza, para que o fator semiológico se manifeste com máxima simplicidade e absoluta eficiência. Modelo similar foi bastante analisado por críticos de arte e pensadores como Heidegger em obra de Van Gogh, *Les Souliers* (1887), que se limitava a estampar as botas sujas e rotas de um pobre camponês caídas ao chão: mesmo sem rosto e identidade, encontramos em cada detalhe do objeto uma pessoa inteira, sua vida e sua luta, seu modo de ser e seus projetos.

Variam os personagens, mas nunca se esvai a relação simbiótica que responde à necessidade imposta pela própria concepção do programa (diálogo ou revezamento entre dois intérpretes) para desencadear o *gag* através do clássico "mecanismo de conflito", o mesmo que definiu a comicidade de Laurel & Hardy (O Gordo e o Magro). A despeito das diferenças que afastam a radiofonia do cinema, são fundamentadas as comparações. Era Stan Laurel, assim como Lauro Borges, quem formulava a técnica e o estilo dos filmes da parceria, justificando o título "Laurel & Hardy", em desobediência a uma cortês ordem alfabética – o mesmo caso de "Lauro Borges & Castro Barbosa". Igualmente, mantinham o Gordo e o Magro uma indissolúvel interdependência e manifestavam-se na coexistência. Sugeriam uma personalidade dissociada, um único ser em dois corpos distintos: entre eles, havia um matrimônio de contrastes, mas dentro de uma identidade, e relações, mas em uma unidade. (Exemplo: em *Beau Hunks / Beau Gênio*, de 1931, para esquecer um fracasso amoroso, Hardy ingressa na Legião Estrangeira, e, sem qualquer motivo para isso, Laurel o acompanha.) De um acordo preliminar entre velhos companheiros, malfadadas ações práticas logo recolhem sua antítese – desavenças e admoestações mútuas que revertem em sínteses mais calamitosas. Lauro Borges cultua a mesma equação na *PRK-30*: deparando com a truculência expansiva de "Otelo" face à impávida idiotia do interlocutor, a irritabilidade com que acolhe seus desacertos (em geral vocabulares), a convicção de poder repará-los, sempre com ar de resignação que lhe possibilita suportar tamanho padecimento, e o fato de invariavelmente tentar corrigir tolices cometendo outras ainda piores (algumas vezes é "Megatério" quem se insurge contra "Otelo", ou os desentendimentos se dão entre "locutores" e "convidados"), mostra-se viva a memória de Laurel & Hardy. Em seus *scripts*, Lauro Borges também cuidava para que, à exemplo dos filmes da dupla, seu personagem e o de Castro Barbosa tomassem as iniciativas, ostentassem aparências de poder, revezando-se na função de provocar o *gag* ou sofrer suas consequências e concluí-lo. Em certas ocasiões, Lauro, como Stan, era o esperto, e Castro, como Oliver, o tolo. Depois, os papéis se invertiam, em rusgas de frases espirituosas e em altercações recíprocas, segundo a clássica tradição do comandante e do comandado, um dos sustentáculos do humor dualista.

Mas na categoria da comicidade singela é que jaz a associação radical. Lauro Borges expande com a *PRK-30* suas transgressões ao sistema vernacular e uma *grotesquerie* imatura e inconsequente, o primado da "regressão infantil" que popularizou seu personagem "Manduca", o menino capeta e serelepe de *Cenas Escolares*. " 'Manduca', é reflexo do gênio buliçoso dos meus tempos de calças curtas", explicou. Perfeitamente adequada aos tipos e situações que se refletem no "espelho mágico" da *PRK-30*, a definição também combina com outra, dada a Laurel & Hardy pelo crítico inglês John McCabe: "Sua inocência é de fato indestrutível, porque constitui a armadura angelical da perpétua infância. É como descobrir que Papai Noel realmente existe. Essa, a essência de sua arte: nenhum comediante da história foi tão inocente, de modo tão engraçado, tão enternecedor." Se a candura solicita delicadeza e decência, das quais extrai *PRK-30* sua pujança, igualmente deixa-se seduzir pela desordem, que indica anseio de liberdade. A arte de Lauro Borges, assim sendo, porta o anarquismo instintivo dos infantes, donde seu apelo sem distinções de idade, sexo ou classe social, porque não há ouvinte da *PRK-30* não afeito à graça perdida em seu próprio passado de menino. Experimenta-se o mesmo prazer de destruição de uma criança frente à vitrine de uma loja de brinquedos.

A cada linha o programa estampa a requintada cultura de seu autor (erudição nas referências, domínio de idiomas), indispensável para a montagem daquilo que lhe é contraposto: um compêndio da penúria intelectual dispersa na banalidade cotidiana. A começar pelos "locutores oficiais", todos ao microfone ostentam não apenas sua imatura idade mental, desfrutando dos regalos da liberdade, como ainda o total despreparo de QIs insuficientes. Não eram de outro modo Laurel & Hardy. A estratégia para a eficiência do cômico repousa em cada caso na negação da empatia, vale dizer, na entrega da plateia a uma "ilusão de superioridade" sobre os personagens. Oliver Hardy declarou: "Uma das razões pelas quais as pessoas gostam da gente é porque elas se sentem superiores a nós. Até um menino de oito anos se sente superior, e isso o leva a rir." Por mais agudas que sejam sua ignorância e sua *naïveté*, o ouvinte da *PRK-30*, capturado por essa inteligente "falta de inteligência", invariavelmente diverte-se ridicularizando figuras de cérebros bem menos dotados que o seu. Figuras pertencentes ao mesmo sistema de Laurel & Hardy, "capazes de fazer rir até mesmo um moderno homem de Neanderthal", segundo Steve Allen, "já que falam a língua universal da inépcia". Ensinou o autor da *PRK-30* idêntico idioma à suas criaturas de obtuso intelecto, como demonstra, por exemplo, a dupla de "apresentadores" do programa. Seria perfeitamente de acordo com os propósitos de Lauro Borges se um monumento em tributo a "Otelo Trigueiro" e "Megatério Nababo d´Alicerce" – amadas e inesquecíveis "celebridades" que hoje integram o patrimônio da cultura popular brasileira – ostentasse a mesma inscrição em mármore sob os bustos de Stan Laurel e Oliver Hardy, erguidos na fachada de seu fã-clube em Nova York:

"Duas mentes – e sequer um único pensamento."

NOTAS

[88] Lauro Borges, *in A Noite*, 22 de julho de 1949.

[89] Castro Barbosa, *in A Notícia*, 8 de abril de 1947.

[90] Ernst Cassirer, *in A Filosofia das Formas Simbólicas – a Linguagem* (Editora Martins Fontes, Rio, 2001).

[91] Jean-Paul Sartre, *in O Imaginário* (Editora Ática, São Paulo, 1996).

[92] Mário Lago, *in Propaganda*, janeiro de 1983.

[93] Lauro Borges, *in Correio da Manhã*, 10 de julho de 1955.

APÊNDICE

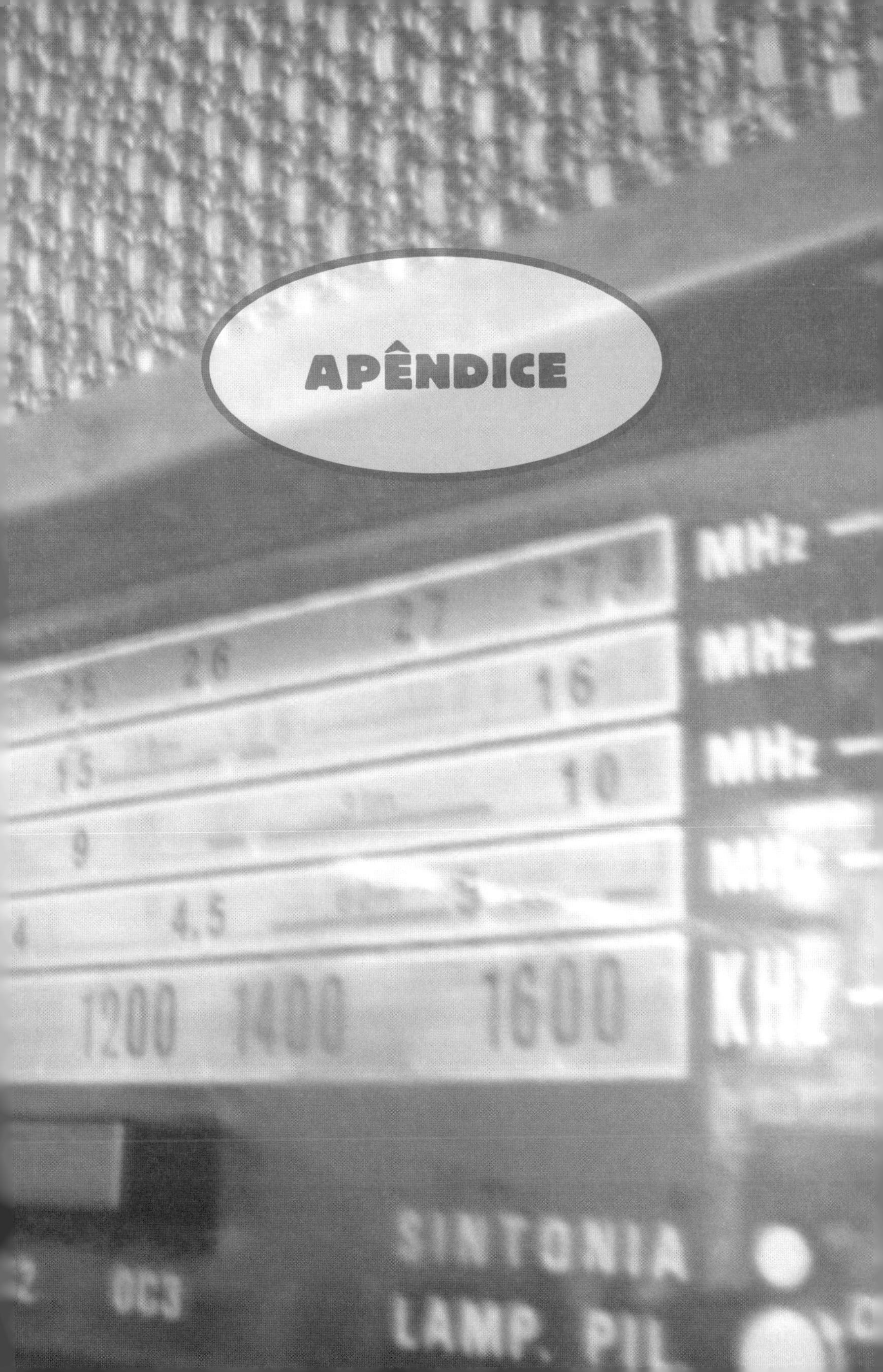

SCRIPTS ORIGINAIS

A BUZINA

Script *do programa de estreia, em setembro de 1937, como quadro do Programa Palmolive, da Rádio Mayrink Veiga. Todos os "correspondentes" são interpretados por Lauro Borges.*

LAURO BORGES: "Prezados ouvintes, boa-noite. Não me traz aqui o intuito de fazer discurso, mas o de dizer em poucas palavras, resumindo o mais possível, dada a exiguidade de tempo, algo sobre a capacidade de *A Buzina*. *A Buzina*, que aparece pela primeira vez neste programa, é a única organização aérea capaz de levar aos quatro cantos do Brasil as últimas do globo. Estas serão transmitidas diretamente das cinco partes do mundo pelo nosso imenso e bem organizado corpo de correspondentes especiais. Uma cadeia perfeita de estações de ondas curtíssimas está aparelhada para buzinar nos vossos sensíveis ouvidos aquilo que de mais interessante e sensacional se estiver passando no globo terráqueo. Antes de terminar, desejo antecipar os nossos agradecimentos pelos aplausos que forçosamente nos serão dispensados, e aproveito o ensejo para dar a primeira buzinada desta noite." (*Toca a buzina*)

SPEAKER: "Ocupou o nosso microfone o sr. Lauro Borges, diretor-responsável do jornal *A Buzina*, que acaba de inaugurar esta grande folha aérea que será levada pelo vento a todos os cantos do Brasil. Atenção. Vamos ligar agora para o nosso correspondente italiano. Alô, alô, Itália..." (*Toca a buzina*)

ITALIANO: "Alô, alô, Brasil. Aqui fala o correspondente especial do *gionale A Buzina*. Últimas notícias: *Piuva, 7* – O *senhore* Luigi Fertile, da cidade de Va Lontano, *completô onte* o número de 37 filhos, sendo a *mitade home* e a *mitade* mulheres. O sr. Fertile, que conta apenas 22 anos de idade, vai ser *condecorato co* a *medaglia de oro arripresentando* uma *chupeta* com a seguinte *inscripcione*: '*Crecei* e multiplicai-vos'. A mães dos *minino* se chama dona Francisca Ratta Fertile... *Roma, 7* – Os *marido italiano* acabam de lavrar um protesto contra a moda lançada pelo célebre futurista Marinetti, que é a das mulheres usarem as *unha* pintadas com as cores da bandeira *nazionale intaliana*. Alegam eles que as suas meias-caras hão de querer arranhá-los a torto e a direito e que temem que qualquer reação seja considerada como crime de lesa-pátria... Ouvintes do Brasil, do correspondente da Itália... *molto* boa-noite."

SPEAKER: "Vamos ligar agora para a nossa correspondente da França. Alô, alô, França..." (*Buzina*)

FRANCESA: "Alô, alô, senhores do Brasil. Boa-noite. Aqui está falando a correspondente francesa *du journal A Buzina*. A moda em Paris. A grande *modiste* Marceline Sorvete acaba de lançar *une* elegante *mode* de chápeus. A mesma consiste num *petit-chapeau* estilo boina que pode ser confeccionado com dez centímetros de veludo de qualquer cor e que leva, como enfeite, um cisne embalsamado, também de qualquer cor. *Senhorres* do Brasil, até a próxima semana. Boa-noite."

SPEAKER: "Atenção. Vamos dar a palavra ao nosso correspondente da Espanha. Alô, alô, Espanha..." (*Buzina*)

ESPANHOL: "Alô, Brasil. Vai falar *el correspondiente* espanhol do jornal *A Buzina*. Madrid. – *La* atriz espanhola Sarita Sirigaita, natural de *la* Catalunha, e que se *habia* apaixonado por um almirante brasileiro, suicidou-se *hoy a las* três horas da tarde, ingerindo grande *cantidad* de salada de pepinos com *polbora* seca. *La* infeliz *dejó* declarado por escrito que *praticaba* tal ato de *locura* porque o seu amado, *el* já citado almirante, *le habia* prometido pegar um *toro* a unha e ainda *hacer* um concerto de castanholas... *pero, en logar* de *lo* prometido, *la dejó cobardemente*, fugindo em seguida para o Brasil. Sabia *también* a finada que *él estaba* interessado pela *suerte* de *una* tal Cecy. *La muerte* de Sarita *fuê mui* sentida em *los medios teatrales* espanhóis. Meus senhores, *hemos* terminado por *hoy. Mucho buenas noches.*"

SPEAKER: "Vamos ouvir agora a Alemanha. Alô, alô, Alemanha..." (*Buzina*)

ALEMÃO: "Alô. Fala o correspondente *ta* jornal brasileiro *A Buzina*, Arthurem Friendereich... *Em vesperras de grande discoperta* – O grande cientista alemão Von Secca *ekstá infestigando* ativamente, com a *colaborração* de *otras* sumidades *internacionales*, e *ekstá* prestes a descobrir para onde vai o fio que foge das meias. Reina grande interesse em torno desse trabalho. Terminamos aqui as notícias de hoje. Boa-noite. Até a próxima semana."

SPEAKER: "Amáveis ouvintes. Agora vai falar o nosso correspondente japonês. Alô, alô, Japão..." (*Buzina*)

JAPONÊS: 'Alô, Brasil. Tá falando *colespondente de* jornal *A Buzina*. Notícias *da* conflito *suino*-japonês. *Cocada – A* general chinês Fon-Fon xingou *onte* a *pogenitola* do general Tá Bom Dexa. Eles *num bigálon. Cocada* – As *tolopas* do general Ti Quebo a Kala *tomalo onte* a cidade chinesa Chô Boi. *Modelo* mais de 2.857.635 *chinês*. Japonês, *modelo* só dois. Hoje não tem mais notícia. Boa-noite e muito *bligado*."

SPEAKER: (*Tocando a buzina*) "E aqui, amáveis ouvintes, fica encerrada a primeira edição de *A Buzina*, que voltará novamente na próxima semana com as notícias mais sensacionais."

PRK-20

Script *do programa de estreia, em 8 de outubro de 1942, como quadro do programa Sorrisos Colgate, da Rádio Club do Brasil.*

SPEAKER: "Amigo ouvinte, atenção. Vamos ligar para a *PRK-20, Rádio X*, da cidade de Quilão Gomado, que hoje inaugura o seu possante transmissor. Nesta nova estação, recém-construída pelo grande capitalista comendador Megatério Nababo d´Alicerce, ex-presidente do Clube do Lero-Lero, aparecem também a figura dinâmica do coronel Nhô Neco, superintendente-geral da única e maior estação de Quilão Gomado. Ambos prometem grandes realizações e novidades através dessa emissora. Assim sendo, a PRA-3, Rádio Clube do Brasil, e a Mobiliária Federal têm agora o prazer de proporcionar aos seus queridos fãs e amigos a irradiação inaugural da primeira emissora da cidade de Quilão Gomado. Atenção. Vamos ligar! Alô, *PRK-20*. Alô *Rádio X*..." (*Ouvem-se cochichos, rumores de estúdio, latido de cachorro, etc., até que o Megatério, depois de perguntar se a estação já está ligada, dá um grito.*)

MEGATÉRIO NABABO D´ALICERCE (Castro Barbosa): "Atenção! Prefixo! Já! ***Arribenta***!" (*Entra então a charanga, tocando desafinada. No fim, palmas, etc.*)

OTELO TRIGUEIRO (Lauro Borges): "Meus senhores, boa-noite. Aqui, de posse da palavra, o locutor-chefe da *PRK-20, Rádio X* de Quilão Gomado. Hoje, quando nós inauguramos, pela primeira vez, esta estação, eu tenho a súbita honra de apresentar o nosso presidente e proprietário, o comendador Megatério Nababo d´Alicerce, que, numa brilhante oração, vai ***usá*** e ***abusá*** da palavra. No microfone, o cujo."

MEGATÉRIO: "O sujo? Então o senhor me chamou de sujo?"

OTELO: "Não... perdão. Eu disse 'o cujo'. Cujo..."

MEGATÉRIO: "Mas eu não sou cujo coisa nenhuma. Eu sou ***comendadore***. ***Comendadore*** Megatério Nababo d´Alicerce, dono desta joça, ***oubiu***? Outra coisa... O senhor disse pro pessoal que ia ***fazere*** uma brilhante oração... O senhor sabe se eu sei ***rezare***? O senhor assim ***bai*** mal... ***bai*** mal..."

OTELO: "Não... perdão. Eu falei oração, mas quer ***dizê***... discurso, não é? Eu disse que o senhor ia ***fazê*** um discurso."

MEGATÉRIO: "Mas então dissesse logo ***qui*** era discurso. O senhor começa com metáforas."

NHÔ NECO (Lauro Borges): "O pessoal... ***oceis*** *tão* discutindo aí... a estação tá ligada... ***ocê num*** vai ***fazê*** o discurso, Megatério?"

MEGATÉRIO: "Isto é o diabo! Eu perdi o ***papele*** onde eu tinha ***iscrito*** o ***improbiso***, agora ***cumé qui bai sere***? Fala ***bocê qualquere cousa***, ó Nhô Neco. Agradece ao menos."

NHÔ NECO: "Ah, eu num ***tô perparado*** pra ***falá***. ***Dispois***, ninguém ***feis favô*** nenhum pra gente, o que ***qui*** eu ***vô agradecê***?"

MEGATÉRIO: "Não é isso... Agradece a atenção que estão dispensando ao nosso programa..."

NHÔ NECO: "***Qui pograma***?"

MEGATÉRIO: "Ora, ***qui pograma***! O ***pograma qui bai começare*** daqui a pouco."

NHÔ NECO: "Ah, ***bão***... ***Mai oi*** aqui. ***Ocê qué sabê*** de ***u´a*** coisa? Pra mim, ***os pessoar num*** vai ***escuitá*** o nosso ***pograma***. Vai é ***durmi***. O ***pograma*** tá uma porcaria, ***sô***. Os ***artista*** do Rio, que ***ficaro*** de vim, não ***viero***..."

MEGATÉRIO: "Não... mas tem muita gente boa aí. Está aí o Francisco Silva, o Orlando Albes, o Silbio Galhardo, o Carlos Caldas, a Carmen Miradola... O Chiquinho não ***poude bire***, mas mandou o seu Rito, no lugar dele. Dizem que esse tal de Rito toca pra burro."

NHÔ NECO: "***Bão***... então ***ocê*** fala ***arguma*** coisa aí no ***microfono***, pra ***morde*** começa o ***pograma*** que já tá tarde. ***Ocê*** é ***qui*** é o presidente, é ***qui*** tem ***qui falá***."

MEGATÉRIO: "Eu ***bou falare***. (*Pigarreia*) ***Mos*** senhores, minhas senhoras; meus ***jobens***, minhas ***jobas***; meus meninos, minhas meninas; prezados anciões, ***respeitábeis*** matronas, presentes e ausentes, minha distinta ***freguisia***, boa-noite. Eu... agradeço... em nome desta rádio... a atenção de ***bocês*** todos. Fico muito obrigado, e... com isso... agradeço... a todos. E... com os meus agradecimentos... quero agradecer a todos... e deixar aqui... o meu muito obrigado... com... os agradecimentos de todos ***caqui*** trabalham... que, muito gratos, agradecem... muito agradecidos a todos. Sem mais, de ***bossas*** insolências, amigo, criado, muito obrigado, Megatério Nababo d´Alicerce, sempre às ordens no armazém 'O Presunto de Ouro'." (*Palmas*)

OTELO: "Novamente com a palavra Otelo Trigueiro, ***espícler*** chefe da estação que estão ouvindo. Acabaram de ouvir o brilhante discurso do nosso honesto presidente, que, numa brilhante oração, acabou de falar."

MEGATÉRIO: "Lá ***bem bocê***, outra ***bez***, com esse negócio de oração. Não ***seija*** teimoso. ***Bocê*** assim ***bai*** mal."

OTELO: "Prezados ouvintes, ***requitifico***. A oração que acabei de anunciar não era oração, era um discurso. (*Gongo*) Amigo ouvinte, atenção. Vamos ***dá*** a hora certa, uma oferta da relojoaria 'A Cebolar'. Quando dermos o sinal serão precisamente... (*Perguntando pra dentro*) Faz ***favô***, me vê que horas são aí dentro. (*Várias vozes respondem horas desencontradas*) Ao sinal serão precisamente quatro e meia da noite. (*Gongo*) Precisamente, cinco horas e vinte e dois minutos. Uma oferta da Cebolar. Relógios sem ponteiro, só na Cebolar. Como primeiro número deste ***pograma***, vamos apresentar o grande guitarrista espanhol Castrito Barbosala, que vai ***inzecutá***, em lá sustenido bem mole, a ***varsa*** 'Recordação do Futuro', de sua teoria, em solo do piano."

(*Ouve-se um violão mal tocado*)

MEGATÉRIO: "Mas, toca bem... toca bem mal, esse ***indibíduo***."

OTELO: "*PRK-20, Rádio X*, com o inteligente ***espícler*** Otelo Trigueiro no microfone. Acabaram de ouvir o número que foi anunciado... (*Tosse*) Cuidado com essa tosse. Já tomou capilé? Não? Então tome e veja que delícia... Meus senhores, o corpo humano se divide em três partes: calça, colete e paletó. Mande ***fazê*** a sua calça, o seu colete e o seu paletó na Alfaiataria ***Agúia*** de Ouro."

MEGATÉRIO: "Seu ***espícler:*** o anunciante deste anúncio que o senhor disse agora está reclamando que o senhor não leu direito o nome da casa dele."

OTELO: "Mas, não pode ***sê***. Foi ele mesmo que escreveu o anúncio. Está aqui, ó: Alfaiataria ***Agúia*** de Ouro."

MEGATÉRIO: "Um momento, que o homem está aí e ***baim explicare*** isso já. Faça o ***fabore***, ó seu anunciante... O senhor diz que não está certo o nome da sua casa? ***Antão*** não é 'Alfaiataria ***Agúia*** de Ouro', como o senhor escreveu aqui?"

ANUNCIANTE (Lauro Borges): "***Agúia*** de Ouro, não ***sior***. É ***arfaiataria*** '***Agúia*** de Ouro'..."

MEGATÉRIO: "Ah! ***Baim***... Mas ***antão*** o senhor se esqueceu de botar um acento em cima da cabeça do ´u´. É, foi isso. E o senhor, seu ***espícler***, precisa ter mais cuidado."

OTELO: "Está bem. E agora, meus senhores, prosseguindo com o nosso formidável programa de estreia, vamos ouvir o grande cantor mexicano Tito Estripa, que vai cantar a *cancione* 'Ala nel Tacho Grande'."

TITO ESTRIPA (*Castro Barbosa*): (*Canto*) "***Alla nel*** Rancho Grande / ***Adonde usted*** bebia / Fui dançar uma ***balsa*** / E quase que caía... / E se eu não sou ligeirinho / ***Esburrachaba*** o fucinho... (Iuuuuuuuuuu) / Escorreguei, mas não cheguei a ***caire*** / Porque ***yo soy*** de ***la balsa*** / E sei me ***desmilinguire***... Fim..." (*Palmas*)

OTELO: "*PRK-20, Rádio X.* Prezados ouvintes. Nós, os cabeleiras, só usamos na cabeça o afamado Óleo Sansão. O único que conserva a caspa e a queda do cabelo. Sob o ***pratocínio*** do Óleo Sansão, vamos ouvir o *scretch* intitulado com o nome de 'Os Mascarados', da teoria do grande escritor Pinote del Michia. Serão ***intrepetes*** deste *scretch* Dulcina Ferreira e Procópio de Morais. Ambiente: Joaquim e dona Maria. Personagens: na sua residência de luxo, Joaquim lê o gibi e canta as saudades da Amélia... Nisto, batem a porta." (*Gongo*) (*Pum, pumpumpumpum*)

JOAQUIM (Castro Barbosa): (*Cantando*) "Quem bateu na minha porta / Eu ***bou bere***. (*Abrindo a porta*) ***Quaim*** é?"

D. MARIA (Lauro Borges): "Sou eu. Eu queria saber se aqui é que mora, por acaso..."

JOAQUIM: "Não, senhora. Aqui ninguém mora por acaso. A gente mora aqui porque quer ***morare***."

D. MARIA: "Está bem. Mas o que me traz aqui..."

JOAQUIM: "Bem... isso é outro caso. Faço o ***fabor*** de ***entrare***. A senhora quer tomar café?"

D. MARIA: "Não, obrigada. Eu, quando tomo café, não posso dormir de noite."

JOAQUIM: "Eu, não. Eu, quando durmo é que não posso tomar café."

D. MARIA: "Bom,... essa é velha."

JOAQUIM: "É velha mas é boa."

D. MARIA: "Quem é que é boa, seu estúpido? Mais respeito, senão dou-lhe uma bofetada, quer ***bere***? Ó..." (*Ruído de bofetada. Fecha o tempo. Entra a polícia no estúdio e prende os artistas*)

MEGATÉRIO: "Seu delegado, o senhor não pode prender os artistas. Isso não era briga de ***berdade***. Era um ***esqueth qui*** nós ***estábamos arrepresentando*** de brincadeira."

DELEGADO (Lauro Borges): "Que brincadeira, nada. Tá tudo preso. ***Oceis quebraro*** a cara do artista, ***cumé qui*** é brincadeira?"

MEGATÉRIO: "Foi ***intusiasmo***, seu delegado. Foi uma cena ***riale***."

DELEGADO: "Não quero conversa. Fecha a estação e ***bamo*** embora."

OTELO: "Amigos ouvintes, por motivo de força maior..."

DELEGADO: "Cala a boca aí, seu! ***Bamo*** embora!"

PRK-30

Script do programa de estreia, em 19 de outubro de 1944, pela Rádio Mayrink Veiga.

SPEAKER (César Ladeira): "Lauro Borges vai apresentar, no seu programa de estreia, ao microfone da sua PRA-9, mais uma irradiação direta da inqualificável emissora dos mil zero noventa e sete e meio velocípedes na antena. A famosa Rádio X Federal, que, de hoje em diante, passará a usar o novo prefixo, *PRK-30*, isto é, dez pontos acima. Este programa, criado e escrito por Lauro Borges, contará, hoje, com a participação de Pinto Filho e do autor. Vamos, portanto, ligar para a *PRK-30*, com quem passaremos a transmitir em cadeia. Atenção! Alô, alô, *PRK-30*... Alô, alô, *PRK-30*..." (*Speaker continua chamando*)

(*Barulho de estática até o... TOQUE DE CLARIM*)

OTELO TRIGUEIRO (Lauro Borges): "Meus estimados admiradores, boa-noite. A voz que vocês estão tendo o prazer de ouvir neste momento é a voz ***penicilínica***, veludosa e afiambrada do maior ***espícler*** da presente atualidade: Otelo Trigueiro. (*Palmas*) (*Agradecendo*) ***Tanques***! ***Tanques***! ***Tanque iú*** vira e mexe. Iniciando hoje o princípio do início de uma nova fase, a *PRK-30* vai trazer ao seu ***microfole famouso*** astros e ostras de primeira, segunda e até de terceira grandeza. Será, como se diz, ***cinematofolgraficamente*** falando, um ***troiler*** das nossas futuras irradiações. ***Umbigo pareide***, como dizem os franceses. Inicialmente, vamos ouvir a nossa nova e afinadíssima orquestra regional de cordas, composta de mais de 120 cabeças... de músicos, executando sobre a regência do maestro Vilas Cabras, o nosso novo prefixo. Maestro, faz favor."

(*Charanga toca o prefixo. No fim, palmas*)

OTELO: "E agora, meus fanáticos admiradores, depois desse número de música estupidamente clássica, vamos ter a súbita honra de apresentar o novo *speaker* sub-chefe da vossa *PRK-30*. Trata-se do Sr. Chouriço de Moraes. Homem ***curto***, inteligência opaca, de uma frivolidade mesentérica, é ele, temos a certeza, um grande alimento para a estação dos grandes ***espícleres***. Vamos ouvi-lo, num ligeiro discurso de saudação aos nossos ouvintes. Com a palavra, o Chouriço."

(*Rufar de tambor*)

CHOURIÇO DE MORAES (Pinto Filho): "Amigo ***oubinte***. O senhor NÃO está com dor de cabeça? ***Milhor***, ué! Ah! Está com dor de cabeça? ***Beim*** feito! Quem manda o senhor ***andare*** com a cabeça de fora, apanhando sereno? Cubra a sua cabeça. Compre um chapéu ***inlegante*** na Sapataria Mão de Baca. Sapataria Mão de Baca, a casa que só ***bende grabatas***. Filial: fábrica de meias

Mocotó, Av. Rio Branco, em frente ao matadouro. (*Gongo*) Cera Fina, a fina flor das ceras! Fabricada ***exclusibamente*** com cera de ***oubido***, ***rigurosamente*** selecionada." (*Gongo*)

OTELO: "E agora, depois desta *brilhantina* oração do meu colega, vamos dar início ao nosso programa de valsas, ouvindo, como primeiro número... mais um anúncio. (*Reco, Reco*) Todo mundo se coçava, desde o pé até a orelha... Depois teve pronto alívio... Com um bom caco de telha... (*Cantando*) Ninguém mais se coçou porque banho tomou (*Bis*)."

CHOURIÇO: "Minha senhora. Para o seu banho ***mensale***, escolha um ***sabunete*** delicioso e macio como o Caco de Telha. O sabonete Caco de Telha é um ***sabunete*** tão ***batatale*** que é ***favricado*** com purê de batata... e, sendo de purê, depura, ***furtalece*** e engorda. (*Gongo*) ***Proselguindo*** com o nosso ***pograma*** de ***balsas viénezas***, escolhemos para a sua sensibilidade morena e romântica, minha querida ***oubinte***, um negócio muito interessante. ***Bamos oubire*** o grande cantor argentino Antônio Quespiga, cantando o tango da mesma nacionalidade, intitulado 'Ni Sarampito ni Sarampón, Yo Tengo es Cólicas en nel Pulmón'. Acompanhamentos pela maestrina Josefina Leva a Beca e a típica dela."

(*Regional: Introdução*)

ANTÔNIO QUESPIGA (Lauro Borges, cantando): "Dei chifrada em mi tristesa / E pipoca veo que has sido / Yo vi pó no fim da praia / Sos una buena mujer... / Tu precencia lava a cama / Pucha, calor desgranhudo / Fuiste buena e consequente / E José me has querido / Como no quisiste a nada / I no podia esquecer... / Y banana quando ceias / Suja o labio, mueble viejo / Y no tengas esperanzas / Ni un pobre corazón... / Cbvrterdsa Vtrereqwsv / Se te hace falta um consejo / Acordate o pelotario / Que dormia en nel espejo / Pa ajudarte en lo que pueda / Quando jogue futebol..."

(*Palmas, bis, etc.*)

CHOURIÇO: "***Acavaram*** de ***oubire***, em primeira edição, o ***treceiro capítalu*** do quinto ***espisódio*** da grande ***nobela policiale*** de Xavier de Sousa Montepin, ***intritulada*** 'O Rabanete Fatídico', ou 'O Sorriso da Cabeira Estrábica', ou ainda, 'O Segredo do Manuscrito Escrito à Máquina'. Uma ***nobela*** que, logo no início, ***comobe***, prende, impressiona e, no fim... ***proboca náuses*** de espanto." (*Gongo*)

OTELO: "Amigo ouvinte, atenção! Vamos interromper por alguns instantes este nosso programa de valsas para dar uma notícia sensacional, de última hora, sobre a situação europeia. (*Gongo*) Atenção! Penúltima hora! Urge que ***seija*** urgente! Informa a agência norte-americana Xzcvbncs, que o ministro sr.

Bmnvcxzsdfg, que esteve em conferência com o sr. Mister Jpreklmnbc, na cidade de Frtiumnbvz, declarou ontem ao jornalista húngaro Mnbvcdfkl, que o sr. Vbnmpoilhgf disse na câmara de Xcvbnmx, que ali tem chovido muito, ontem. (*Gongo*) Novamente com a palavra o meu nobre e desequilibrado amigo, Chouriço de Moraes." (*Gongo*)

CHOURIÇO: "De posse deste ***microfonio***, ***bou*** passar ***nobamente*** a ***palabra*** ao ***maiore espícler*** da América e de ***oitros*** estados. Com a ***palabra***, o grande Otelo Trigueiro. (*Gongo*) Ele ***bae apresentare*** o 'Momento Reumático'."

OTELO: "Momento Reumático coisa nenhuma, amigo ouvinte! Esse idiota botou uma cedilha a mais. O ***pograma*** que eu vou apresentar se chama 'Momento Romântico'. (*Violinos tocam melodia desafinada*) Nove e trinta, ouvinte do Brasil! Com a última badalada que acabaste de ouvir, foi-se mais uma é tapa... na cara... do dia de hoje. Não se esqueçais que a vitória é o tropel dos fortes. A Drogaria Norte-Americana há mais de cinquenta séculos vem batalhando em prol da tua saúde... E você não conserta, heim? Vive cheio de apendicite, sinusite, bronquite, só para dizer que tem 'it'. Deixa de ***sê*** idiota. Lembra-te da quadrinha que diz: 'Enche o teu dia de sol... Tua vida de saúde... O teu bolso de dinheiro... Teu estômago de grude... Para o estômago, Grudenosól não ilude.'." (*Gongo*)

CHOURIÇO: "Amigo ***oubinte***. Você já conhece o ABC do Milharal? Não? Mas que ***inguinorância***! É assim: A – desenferruja as articulações do organismo; B – ***desempaupera*** o raquitismo da anemia e ***disminui*** os ***globos*** cinzentos; e C – não tem, nem pode ter ***seminários***."

VOZES (*Cantando com violinos*): "Milharal, Milharal, é só milho e não faz mal..." (*Bis*) "Pim!"

OTELO: "Café Milharal! Não tem mistura. É milho puro. Café Milharal! Moído na cara do freguês. (*Gongo*) Dor de cabeça? Não tome bonde errado. Nem certo. Bonde não faz bem para dor de cabeça. Tome Chá Fariz."

CHOURIÇO: "Amigo ***oubinte***. ***Proselguindo*** com a nossa dor de cabeça... perdão, quero dizer, ***proselguindo*** com o recital da grande pianista Guimar Nãoficas, a maior ***ribal*** da ***Nãobais***, ***bamos oubir***, em solo de ***cabaquinho***, o choro de flauta, ***inzecutado*** ao ***biolão*** pela nossa ***urquetra***, intitulado 'Esta mulher é um ***Panarício***!' Em primeira edição. ***Maiestro***, faz ***fabore***."

(*Entra um disco bem velho e estragado*) (*No fim, palmas, bis, etc.*)

OTELO: "E agora, continuando com este impressionante desfile dos melhores artistas do nosso ***broa de castro***, vamos ouvir uma nota social. Faz hoje trinta anos de casado o *rei* dos fabricantes de *cartas de jogar*, sr. Luiz *Valete*, esposo da distinta *dama* da nossa praça, dona Alice *Coringa*. O sr. *Valete*, por este motivo, oferece aos seus amigos uma lauta mesa de pôquer em sua residência, à casa *Áz de Ouros*. O sr. *Valete* disse-nos ainda que vai ficar *fuland* de raiva com o convidado que passar um *blefe* e não comparecer. Ao distinto casal e aos seus *dois pares* de filhos, a *PRK-30* deseja que a vida seja uma *sequência máxima* de felicidade."

CHOURIÇO: "O ***númbaro*** que acavaram de ***oubire*** foi patrocinado pelo afamado ***chiruto*** Carijó. Carijó, o príncipe dos galos. Um ***chiruto*** que raramente ***proboca*** náuseas e dor de ***caveça***. O ***chiruto*** Carijó já vem aceso." (*Gongo*)

OTELO: "E agora um número sensacional! (*Rufar de tambor*) Vamos ouvir a grande cantora super francesa, Luciene Boiê Granbezèrre, cantando, com acompanhamento de piano de cauda, o trecho da ópera 'Tic-Tic Dans le Fubê'."

FRANCESA (Lauro Borges): "Un moment, un moment. Je ***vê cherchê lo*** mon ***pianô***."

OTELO: "Yes! Amigo ouvinte. Vamos interromper por alguns instantes a nossa irradiação, porque a Mlle. Luciene esqueceu de trazer o piano e vai dar um pulinho até em casa para buscá-lo. Ela mora perto, não demora. Até já."

SPEAKER: (*Lê um anúncio*)

CHOURIÇO: "Amigo ***oubinte***. A dona ***madamâosela*** já cá está. ***Bamos oubí-la***, portanto, metendo os peitos num pedaço de uma ópera. ***Maiestro***, ***introduchan***..."

(*Orquestra toca "Ridi Pagliacci", desafinada. Depois entra o regional com "Tico Tico no Fubá"*)

FRANCESA: "Le tic-tic vian / Le tic-tic vê / Le tic-tic vian mangê le mon fubê, / Le tic-tic, passarinhe disgranhude / Il pègue mon fubê / Abre le bique e mange tude. / Mé otre foá quil mange mon fubê / Je vê donê un tirre en el tic-tic, / Le tic-tic é passarrique antipatique / Qui viens mangê le mon fubê só pur debique (Bique bique) / Tic-tic é chose que ninguém aturra / Se il quer mangê que vá mangê in Cascadurra... / La ma maison nes pas maison da mère Joane / Je ne reste pas ici, je vê morrà em Copacabana."

(*No fim, palmas*)

CHOURIÇO: "E agora, ao nosso ***microfónil***, ***oitro*** grande artista, ligeiramente contratado pela nossa *PRK-30*. ***Bamos oubire*** o Manduca, primeiro e único, o grande pequeno cantor que não tem nem pode ter seminários. Uma salva de palmas para ele."

MANDUCA (Lauro Borges): "Não adianta vim com essa conversa porque eu não ***vô trabalhá*** só pra ***ganhá*** palmas de salvas não, viu? Eu já ***tô*** contratado há mais de duas horas aqui, e ainda não vi a cor do dinheiro de ***voceis***."

CHOURIÇO: "Mas olhe aqui, ô Manduca..."

MANDUCA: "Manduca não, heim! ***Drobe*** a língua: Senhor Manduca! Senão vai ***entrá*** na pitomba."

CHOURIÇO: "Está ***baim.*** Está ***baim. Bossa incelência*** é que está com a razão. Porém, ***bossa*** senhoria ***debia*** estar ***sastifeito*** por ter abraçado esta carreira."

MANDUCA: "Que nada! Eu prefiro é ***abraçá*** as empregadas lá de casa. Quando é o dia do pagamento aqui? Pode-se ***metê*** um vale?"

CHOURIÇO: "***Bossa*** senhoria sabe que o seu dinheiro está garantido. Enquanto ele ***estiber*** na nossa mão, ***bossa*** excelência está fazendo economia."

MANDUCA: "Olha aqui. Eu também não ***vô*** com a cara dessa tal de economia. Lá em casa, minha mãe é tão ***inconômica qui***, quando as ***meia*** do meu pai ***fica*** velha e ***rasga*** no dedão, ela ***chirge*** direitinho, ***dispois*** corta elas no ***calcanhá*** pra ***fazê coadô*** de café. Sai um café ruim!... ***Bão***, agora eu ***vô cantá*** um número."

CHOURIÇO: "Muito ***baim***. O que é que ***bai sere***?

MANDUCA: "É isto que está escrito aqui."

CHOURIÇO: "Deixe ***bere***. (*Lendo com dificuldade*) ***Bamos oubire*** pelo Manduca ***berbadeiro***... Mas que péssima caligrafia ***teim*** a sua máquina, heim? Éééé... o samba... Como é? 'Achou Quente? Leva, Vai.'..."

MANDUCA: "Não é nada disso. Não sabe lê? O nome do samba é: 'Achou Quem te Leva, Vai'."

CHOURIÇO: "Mas está tudo grudado, uma ***palabra*** na ***oitra***..."

MANDUCA: "Não conversa, vá. Maestro, introdução... (*Regional*) (*Cantando*) Fica bobo aí que jacaré te abraça!" (*4 vezes*)

MANDUCA: "Mas como ***voceis acompanha*** mal, heim? Puxa! Eu não canto mais com esta orquestra. Ou ***oceis manda contratá otra*** orquestra ou senão eu saio daqui e ***vô cantá*** noutra estação. A estação da Leopoldina tá seca pra eu ***i cantá*** lá... Eu não ***priciso*** disto."

(*Chouriço procura acalmar o Manduca e este acaba saindo*)

CHOURIÇO: (*Gongo*) "Amigo ***oubinte***. Ouça amanhã, das seis da manhã até a meia-noite e cinquenta e sete, ***atrabés*** deste microfone, 147 ***nobelas*** de primeira qualidade, destacando-se no nosso ***triatro policiale***, ***ligítimo***, a ***biolenta*** peça ***intritulada***: 'A Peça Sangrante de Morim Cambraia', ou 'O Mascate que Mascou a Mosca'. Uma ***especiale uferta*** do ***assucra*** Néris." (*Gongo*)

OTELO: "*PRK-30*, Rádio X Federal, com o admirável ***espícler*** Otelo Trigueiro ao ***microfônio***. Minha querida fã. Ouça sempre a minha maviosa voz que custa, para alegrar a sua vida que vale muito. A vida de hoje precisa do Otelo Trigueiro. Otelo Trigueiro é o melhor, mas... ataca o coração. E não se esqueça:

para a sua correspondência, faça um belíssimo papel, escrevendo as suas cartas unicamente no afamado Papel Higienópolis." (*Gongo*)

CHOURIÇO: "Para dor de dentes, Cera Lustrosa. Dá um lustro que é uma beleza! (*Gongo*) Olá, seu Nicolau. ***Qué*** mingau? Não. ***Prifiro*** um par de sapatos da perfumaria Lá Catingue, cujos móveis são vendidos em envelopes fechados, à vista ou pelo ***dificultário***." (*Gongo*)

OTELO: "Prosseguindo com a nossa aula de ginástica pelo rádio, vamos ouvir agora, pela dupla Palmeiras F.C. e Piraci Nunga, o monólogo sertanejo intitulado 'As Três Noites de São João Del Rey." (*Violão toca a 'Dalila'*)

CAIPIRA (Lauro Borges): (*Recitando*) "Foi numa noite de São João... Ela ***tava*** *tão* bonita... Com seu vestido de fita, todo enfeitado de chita... e um pé de ***côve*** na mão! Quando foi no ***otro*** São João... Ela ***tava*** ainda mais catita... com o mesmo vestido de fita... Todo enfeitado de chita... E o ***tar*** de pé de ***côve*** na mão! Mais quando foi no ***otro*** São João... Ela ainda ***tava*** catita... enfeitada de chita e fita... Mais a ***côve***... Ó amor meu! A ***côve***, a cabra comeu." (*Palmas*)

OTELO: "Acabaram de ouvir a poesia ***intritulada***: 'O Vestido que Durou Três Anos' ou 'Quem Carrega Couve não Deixa Cabra Passá Perto'. (*Gongo*) Falando mais alto, *PRK-30*, em ondas pequenas, longas e médias. E por falar em média: amigo ouvinte, almoce confortavelmente, tomando sua média com mata-fome de fubá, no afamado Café Ralinho. Que é isso rapaz? Está de ressaca? ***Beim*** feito! Quem ***mandô bebê***? Quando ***quizé bebê***, beba um cafezinho no Café Ralinho. Café Ralinho, evita Axilose." (*Gongo*)

CHOURIÇO: "E agora, atenção, mais uma cantora ***cebrele***! Ao ***microfônio*** da sua *PRK-30*, a grande fadista Maria Joaquina Dobradiça da Porta Baixa, cantando o fado da sua teoria, ***intritulado*** 'Ficou Maluca'."

(*Acompanhamento de regional*)

MARIA JOAQUINA (Lauro Borges): "Fui ao círculo de ***cabalinhos*** / ***Ber*** os palhaços a ***trabalhare*** / Mas o que ***bi***... foi do trapézio / A trapezista se ***despencare*** / ***Beio*** lá de cima... como um foguete / Bateu com as fuças no picadeiro / Sua mãezinha... ali presente / Gritou nervosa... lá no puleiro / 'Machucaste-te... oh, minha filha / Eu sempre disse... e com razão / Nunca ***tibeste***... desde menina / A menor queda... para ***abião***.' / E a pobre artista... aí... desacordada / ***Oubia*** tudo... sem dizer nada / Mas... de repente... ***boltou*** a si / Pediu licença e foi fazer / Crochê... Ficou maluca!..."

CHOURIÇO: "E agora o meu boa-noite para ***bossas-incelências*** (*Violino em surdina, desafinado*). Minhas ***oitabadas oubintes***. ***Bamos butar*** um ponto final, no fim desta ***inrradiação***. Depois de um dia de ***lambor quontidiano***, onde ***pioneja*** as ***alcatifloradas*** e ***esofogantes passifloras***, é pela ***boz*** dos ***menestéis*** que eu ***benho dizer-bos*** boa-noite. Portanto, boa-noite. E assim, nada mais tenho a acrescentar, obrigado. Chouriço de Moraes."

PRK-30

Script *do programa de estreia de Castro Barbosa, em 16 de abril de 1945, pela Rádio Mayrink Veiga.*

(*Toque de clarim*)

MEGATÉRIO NABABO D´ALICERCE (Castro Barbosa): "Amigo ***oubinte***, boa-tarde. ***Acava*** de ***penetrare*** pelo ***étra*** adentro a ***palabra*** autorizada da *PRK-30*, a melhor estação que ***inziste*** atualmente no mercado radiofônico do ***broa de castro*** nacional do mundo. (*Gongo*) O sr. está com dor de ***caveça***?... ***Milhor***... Ah! Não está com dor de ***caveça***?... Ouça então o nosso ***marabilhoso prufixo*** que isso passa. ***Maiestro***... solta um ***prufixo*** pra dor de ***caveça***."

(*Charanga toca o prefixo*)

MEGATÉRIO: "***Acavaram*** de ***oubire***, em cadeia, pela ***urquestra*** dos Condenados do Ritmo, o fox de Juaquim Detento e Jubiniano Me Solta, ***intritulado*** 'Ai Lobe iú, Mai Cubiculo!'. Uma gentil ***uferta*** dos cadeados 'Não força'... (*Gongo*) (*Clarim*) Meus senhores. Este toque de cuíca que vocês ***acavaram*** de ***oubire anunceia*** ao nosso ***micofrone*** o ***licutor*** cuja voz faz ***inbeja*** aos pássaros. Com a ***palabra*** o ***marabilhoso espícler*** Otelo Trigueiro!..."

(*Palmas, Rufar de tambor*)

OTELO TRIGUEIRO (Lauro Borges): "No ar... Otelo Trigueiro, o delicioso ***espícler***-chefe da estação que estão ouvindo, hoje falando para ***voceis*** por especial gentileza das Pastilhas Maiorativas. Cai-lhe o cabelo? Use Pastilhas Maiorativas, uma delícia para a dor de dentes... (*Gongo*) Aviso aos navegantes. Vocês não querem outra vida, heim? Querem todo dia um aviso, não sei o que, não sei o que lá, não é?... É... mas hoje não pode ***sê***. Hoje não tem aviso nenhum..." (*Gongo*)

MEGATÉRIO: (*Espirra*) "Este magnífico espirro que vocês acabaram de ***oubire*** foi uma delicada ***uferta*** da Casa Bode. Casa Bode, rua Bode-lere, sem número." (*Espirra*)

OTELO: "E não se esqueça, amigo fã. Bode que espirra é sinal de mau tempo. Compre uma capa de borracha Faber nº 2, movida a gasogênio e, se chover, durma sossegado porque não há perigo do sr. cair da cama. Casa Bode, especialista em guarda-chuvas para solteiros..." (*Gongo*)

MEGATÉRIO: "***Acavaram*** de ***oubir*** um quarto de hora de anúncios ***abariados***, uma ***serafica uferta*** da Cera Mica. Cera Mica, a melhor cera para encerar cerâmica. E agora, ***prosselguindo*** com o segundo capítulo do nosso ***pograma carnabalesco***, uma pranteada ***uferta*** da casa funerária 'Bou Ali Já Volto', ***bamos passare*** a ***palabra*** ao dr. Abranges Totum da Silba, o rei da saúde, que, em homenagem ao rei Momo, ***bai fazere*** a sua costumeira palestra médico-enciclopédica. Com a ***palabra***, ele..."

DR. TOTUM (Lauro Borges): "Criaturas pálidas, abatidas, enfraquecidas e doentes. Minhas senhoras e meus senhores, jovens e crianças, boa-noite. Meus caríssimos, escolhi para a minha elegante palestra de hoje um tema interessantíssimo e cheio de nove horas e vinte minutos. Vou falar sobre a necessidade da assistência médica e farmacêutica. Todo indivíduo deve ser examinado por um bom médico, um médico de toda confiança como eu, pelo menos seis vezes por semana, sem contar domingos e feriados. Muitas vezes a pessoa pensa que está gozando de perfeita saúde e, no entanto, no seu organismo aparentemente são, os bacilos de certas doenças perigosas começam a organizar uma batucada que a deixará sem dormir noites inteiras. É assim que muita gente come mosca, não se dá bem e depois vai para o beleléu. Meus caríssimos, não deixeis para ontem o que ***puderdes*** fazer amanhã. Procurai-me o mais depressa possível e sereis fortes como eu... (*Tosse*)... e resistentes como a minhoca que vive enterrada em vida, gozando de admirável saúde, sem saber o que é uma dor de cabeça... mesmo porque, me parece, minhoca não tem cabeça. Às vezes, até, eu fico pensando cá comigo: 'Oh, meu Deus! Porque é que não nasci minhoca?... Que bom seria eu poder viver sem cabeça, isto é, sem pensar, sem ter preocupações!' Mas, voltando à vaca frígida, para não interromper o trânsito do meu pensamento, devo dizer que a visita médica se faz necessária quase que diariamente. Eu visito todos os dias um menino, desde que ele nasceu, e, graças a isso, ontem, com apenas 12 meses de idade, ele já pode festejar o seu primeiro aniversário natalício. E está todo satisfeito por ter nascido homem... Eu acho que toda pessoa que se preza deve ser minha cliente. Isso evitará desgostos e surpresas desagradáveis, como aconteceu anteontem com a minha cliente dona Cidralina da Pérsia, que perdeu o marido de repente, em baixo de um bonde Real Grandeza via Catumbi. Fazia pena ouvir a infeliz senhora dizer: 'Coitado do meu marido. Saiu de casa tão satisfeito e, quando voltou, encontrou a mulher viúva e, os filhos, órfãos!...' Ora, meus caríssimos, se esse homem estivesse sob os meus cuidados, isso nunca teria acontecido porque eu já o teria ensinado que é muito perigoso ficar debaixo dos bondes. Que morrer embaixo de um bonde é coisa desmoralizante, ínfima, embora se tratando de um de Real Grandeza. Antes de terminar, vou responder à consulta de um cliente que me pede um remédio para cortar a tosse. Meu caro amigo, para cortar a tosse, mas cortar de fato, tome uma lâmina gilete de meia em meia hora. E, caro cliente, por uma questão de vingança antecipada, coma sempre e somente alimentos extraídos da terra, porque a terra há de também um dia comer tudo o que é seu. Quanto à ameaça de febre amarela que o senhor teve, não se assuste, porque a cor amarela não é muito feia. Eu gosto do amarelo. Meus caríssimos, por hoje é só. Boa-noite."

MEGATÉRIO: "Numa gentil ***uferta*** da 'Bota de Sete Léguas', a casa que só ***bende*** sapatinhos para crianças, ***acavaram*** de ***oubir*** o interessante ***pograma*** 'Quinze pra Meia-Noite'. Quinze pra meia-noite é a hora certa oferecida pelo nosso relógio de proteção desprotegida, que é um relógio interno e que está parado desde ontem às quinze pra meia-noite. (*Gongo*) (*Miados*) ***Biu***? O gato é que está com a razão. Ele diz que a carne do açougue Pelanca é melhor e não faz mal. Carne à beça, da melhor qualidade, barata pra burro, e sem ***procaria*** de racionamento, só no açougue Pelanca. Rua Dona Genobeba, nº zero, em Mato Grosso... (*Gongo*)

(*Frevo ligeiríssimo e desafinado*)

OTELO: "O Megatério. Que negócio foi esse que eles tocaram aí?..."

MEGATÉRIO: "Eu sei lá. Deu-lhes a louca... e eles puseram-se a ***tucare*** esse negócio aí, sem mais nem menos. Isso não está no ***pograma***."

OTELO: "Bom, mas... precisa ver o que é isso. (*Pro maestro*) Ô maestro. Que negócio foi esse? Esse minueto que vocês tocaram não tá no programa de hoje... (*Uma voz ao longe*) Heim? Ah, bom. Amigo ouvinte. Isso foi uma música que eles se esqueceram de tocar no programa de ontem, e, pros ouvintes de ontem não ficarem prejudicados, eles tocaram agora... Tá certo." (*Gongo*)

MEGATÉRIO: "E agora, conforme ninguém não ***esperaba***, ***bamos ouvire***, para atender a pedidos, em lá ***maiore***, a famosa dupla cai... e pira, Rancharenga e Alvachinho, cantando a moda de ***biolas intritulada***... ***intritulada***... Eu sei lá como é que se ***intritula esse*** porcaria... Eles mesmo ***bão anunciare***."

(*Entra a dupla rindo: ôôôôôô-ôôô-ôô... Silêncio*)

RANCHARENGA (Lauro Borges): "Boa-noite, boa-noite pra ***meceis tudo***."

(*Vozes dizem 'boa-noite' fracamente*)

ALVACHINHO (Castro Barbosa): "Tá fraco. ***Ocê qué vê*** só o meu ***cartaiz***?... Escute só a resposta: ***Bá*** noite!..."

(*Resposta fraca*)

OTELO: (*Rindo*) "Com licença. Vocês querem vê o que é consagração? Escutem só: Boa-noite!" (*Todos respondem alto: 'Boa-noite!'*)

ALVACHINHO: "Ô panelas... panelas..."

RANCHARENGA: "Ô cumpadre, ***num*** é panela que se fala..."

ALVACHINHO: "Uai! Então, ***comé qui é***?"

RANCHARENGA: "É chalêra..."

ALVACHINHO: "Ah, é verdade..."

OS DOIS: "Ô chalêras!..."

RANCHARENGA: "Oi, aquele ***rapaiz*** que tá lá em baixo... naquele canto lá..."

ALVACHINHO: "O ***quar***?... Aquele que tá perto daquelas moças? Que tá lá em baixo?"

RANCHARENGA: "É... Aquele não bateu ***parma*** pra ninguém. Vai ***vê*** que ele tá ***cas*** mão ocupada, ***né***? (*Ôôôôô-ôôô*) Tá preso!"

ALVACHINHO: "Nossa! Ô cumpadre. Num é 'tá preso' que se fala..."

RANCHARENGA: "Então ***cumé***?"

ALVACHINHO: "É tá ***sorto***!..."

RANCHARENGA: "***Bão***, isso ***num*** tem ***importança***. ***Bamo trabaiá***? Uma, duas e ***treis***..."

ALVACHINHO: "Uma caixa de sabonete 'Você Calol'..."

RANCHARENGA: "Você Calol? Não é Você Calol que se diz. É Eu..."

ALVACHINHO: "Eu?"

RANCHARENGA: "É, você."

ALVACHINHO: "***Mai***, ***comé*** isso? É eu ***ô*** é você?"... Oi... Esse sabonete que ***nóis tamo*** falando é marca 'Você Calol'... Esse foi ***frabicado*** pra ***fazê*** frente pro outro... o ***tar*** Eu... É, o nosso é Você..."

RANCHARENGA: "***Virge***! Que ***trapaiada*** dos diabo, ***sô***. ***Bão***. ***Bamo trabaiá***?... ***Bamo fazê*** umas ***preguntinhas***. O que é uma coisa que, quando a gente ***pincha*** ela pra cima ela é lata ***veia***. ***Dispois***, quando ela chega lá no ***arto***, ela vira prata, ***né***? E ***dispois***, quando cai no chão, é ***oro***. (*Ri*) Uma, duas e ***treis***, uma caixa de Você Calol... Uma, duas e ***treis***..."

ALVACHINHO: "***Pera*** aí. ***Pera*** aí que essa eu sei... É... é piano..."

RANCHARENGA: "***Ô*** rapaz... ***ocê*** tá forte, heim? Tá ***quereno jogá*** um piano pra cima. ***Bão***... ***ocê num*** sabe. ***Qué*** que eu ***digo***?..."

ALVACHINHO: "Pode ***dizê***."

RANCHARENGA: "Ora! Tão fácil! ***Ocê*** pega uma lata ***veia***, ***pincha*** ela pra cima... se quando ***chegá*** no ***arto*** ela ***vira*** prata e quando cai no chão vira ***ôro***... só pode ***sê*** uma coisa: milagre!..." (*Palmas*)

ALVACHINHO: "***Bão***. Agora é a minha vez de ***fazê*** a pergunta. ***Ocê*** conhece cegonha?..."

RANCHARENGA: "Conheço. Eu nunca fui apresentado ***prela***, ***mai*** conheço de vista. É uma ave que tá ***quaje*** sempre com uma perna ***alevantada***, ***né***?..."

ALVACHINHO: "É, é isso mesmo. ***Bão***, agora eu quero que ***ocê*** me diga... (*Ri*)... Essa é fácil... ***Inté*** uma criança ***analfabética*** é capaz de ***sabê***. Ó... eu quero ***sabê*** por quê que a cegonha vive a maior parte do tempo... só ***cum*** pé pra cima... Uma, duas e ***treis***... Uma caixa de Você Calol... uma, duas e ***treis***..."

RANCHARENGA: "Pode ***dizê*** porque é. Pode ***falá***, rapaz..."

ALVACHINHO: (*Rindo*) "Ó, que vergonha! A cegonha fica a maior parte do tempo só com um pé pra cima porque, se ela ***alevantá*** os dois pés, ela cai ***ca*** cara no chão e ***escacha*** a cabeça..." (*Ri*) (*Palmas*)

OTELO: "Com licença. Eu também quero fazer uma pergunta. Atenção. O que é que, quando abre a boca, deixa todo mundo de boca aberta?..."

RANCHARENGA E ALVACHINHO: (*Rindo*) "***Oi***, ai! Que bobagem! Quem é que não sabe essa... (*Riem*) Essa tá fraquinha..."

ALVACHINHO: "O que é que, quando abre a boca, deixa todo mundo de boca aberta? ***Bamo falá*** os dois ***junto***? ***Bamo***? Um... dois... ***treis***..."

RANCHARENGA E ALVACHINHO: "É o grande ***espícler*** Otelo Trigueiro... Essa tá de ***amargá***, heim?"

OTELO: "Bom, também se vocês não soubessem essa, era melhor ***dá*** um tiro na cabeça."

ALVACHINHO: "***Bão***, cumprade. Tá boa, mas ***bamo cantá*** logo que o tempo ***ruge***."

RANCHARENGA: "É. Então ***bamo atendê*** os ***pidão***, ***né***? O que ***oceis qué*** que ***nois canta***?"

VOZES: "Guiomar! Saudades do Matão! A Cavaleira! O Rigoleto! O Mar! A Caveira!..."

ALVACHINHO: "***Bão***, ***pessoar***... é 'O Mar' ou vai 'A Caveira'? ***Bão***, ***pera*** aí..."

RANCHARENGA: "***Ói***, ***nóis bamo cantá*** as duas... Uma hoje e ***otra otro*** dia, ***né***?"

ALVACHINHO: "Cumpadre. ***Bamo cantá*** 'Saudade do Matinho'?..."

RANCHARENGA: "É. ***Podemo***... 'Saudade do Matinho', de autoria de Rubiná e Sal Amargo. É uma ***musga*** que até ***faiz*** bem pra saúde, ***né***?"

ALVACHINHO: "***Ói***, nós ***bamo fazê*** o seguinte: pra ***morde contentá*** os amigos ***ovidero***, ***nóis bamo cantá*** uma ***musga*** nova. ***Bamo cantá*** a romanza 'Tem pintinho, tem...' "

RANCHARENGA: "Tá certo. ***Bamo entrá junto***. Quando eu ***abaná co´as oreia***, ***ocê*** começa."

RANCHARENGA E ALVACHINHO (*Cantam com regional*): "Tem pintinho, tem / Tem pintinho... / Tem pintinho, tem / Tem pintinho... / Tem pintinho, tem / Tem pintinho, tem / No ovo que eu comi... mi... mi... mi... / Eu sinto que meu peito pia / O pio que o pinto tem / E ovo com pinto dá alegria / E nunca ***feiz*** mal pra ninguém..." (*Palmas*)

RANCHARENGA: "***Ô dupra***! ***Formidave***, ***sô***! Isso já nem é mais ***dupra***... Isso é uma ***tripa***..."

RANCHARENGA E ALVACHINHO: "Amigos ***ovíderos***, ***bá*** noite. ***Inté otro*** dia! ***Bá*** noite!..." (*Palmas*)

OTELO: (*Gongo*) "A *PRK-30*, Rádio X Federal, a única estação que está sendo ouvida neste momento, acabou de apresentar um finíssimo ***pograma*** para a sua sensibilidade estrábica e caprichosa. Um ***pograma*** cheio de romance e poesia, repleto de fina literatura, de músicas delicadas, de flores sem espinhos e de bacalhau sem espinhas, uma genial oferta da ***Perfurmaria*** La Catingue, distribuidora dos afamados perfumes 'Xexéu Rôse' e 'Mon Petit Sováque'." (*Gongo*)

MEGATÉRIO: "Amigo ***oubinte***. Se o senhor gosta de croquetes, ouça sempre o nosso programa 'Co-cretel das Sete'. (*Gongo*) E agora ***bamos*** dar o resultado do último sorteio das apólices da Companhia 'Bota Aí que Eu Tiro S.A.'. As combinações de cetim que foram sorteadas são as seguintes..." (*Clarim*)

OTELO: "Primeira combinação: A, B, C..."

MEGATÉRIO: "A de Arnesto, B de Bicente e C de Cebastião."

OTELO: "Segunda combinação: E, D, PH..."

MEGATÉRIO: E de Elio, D de dona Maria e PH de fumaça."

OTELO: "Terceira combinação: X, S, V..."

MEGATÉRIO: "X de ***xugêra***, S de cerveja, V de ***vola*** ao cesto..." (*Clarim*)

OTELO: "Se a senhora tem o cabelo muito enroscadinho, guarde este nome: Espichaím! Espichaím! Espichaím! Agora sim. O afamado Óleo Reformado Espichaím espicha de fato o seu cabelo." (*Gongo*)

MEGATÉRIO: "Amigo ***oubinte***, não se esqueça. Na cabeça não use caspa, use Carecol. Carecol elimina caspa, cabelo e tudo. (*Gongo*) Bilhete ***bendido***... (*Barulho de papel rasgado*)... bilhete rasgado. E ***bamos oubir*** agora, numa gentil ***dádiba*** da casa de loterias 'Mamata Inacabada', a sufocante cantora Maria Joaquina Dobradiça da Porta Baixa, a fadista que ***bale*** saúde, cantando um trecho da 'Rebelia de Chumbo'..."

OTELO: "Perdão. Não é nada disso! Amigo ouvinte, onde o meu ***colegua*** Megatério disse 'Revelia de Chumbo' escute-se 'Revêrie de Chumon'. Dona Dobradiça, faz favor..."

MARIA JOAQUINA (Lauro Borges): "Eu não ***bou cantare*** nada do que vocês disseram aí. Eu ***bou*** é ***cantare*** o fado da minha ***larva intritulado*** 'Eu ***Bi*** o Sol de Azul Marinho, de Calças Curtas e Colete Branco... A Lua, Porém, Não ***Bi***'."

MARIA JOAQUINA: (*Canta com regional*) "Com licença minha gente / Para esta pobre demente / Ficar de ***bocês*** ao lado... / Abram bem ***bossos oubidos*** / Que os meus 'ais' mais doloridos / Quero gemê-los num fado... / Eu sou a doida do abano / Abano meses e anos / Não passo ***saim abanare*** / Eu abano noite e dia / Dia quente ou noite fria / Ao sol e à luz do ***luare*** / ***Bou*** contar-lhes a história / Desta minha ***bida*** inglória / Escutai-a por ***fabore***... / Eu era infeliz, coitada / De meu não tinha mais nada / Mas tinha um grande ***amore***... / Mas um dia a sorte ingrata / Apresentou-lhe uma mulata / A tal Josefina Becre / Ele então fugiu de mim / E deixou escrito assim... / Que a mulata tinha cheque... / Não sei se era cheque ou chique / Sei que a sorte quer que eu fique / ***Sufrendo*** o meu desengano / Eu sinto tanto ***calore*** / Dá-me um abano, ó ***estapore*** / Que eu sou a doida do abano!... / Já contei-lhes a história / Desta minha vida inglória / Desculpai-me por ***fabore*** / Eu era feliz, coitada / De meu não tinha mais nada / Mas tinha um grande ***amore***... ai... ai... ai..."

MEGATÉRIO: "Este delicado número de música fina, ***inzecutado*** pela ***urquestra*** das emoções ***bibrantes***, foi uma trêfega e ***super-esticiosa uferta*** da Padaria e Sapataria Setim-Lamê, que ***bende*** camisas, ***grabatas***, meias, queijo, bolachas, rosquinhas quadradas, etc. Pão dormido a 40 centavos a dúzia. Pão com insônia, mais dois centavos. Padaria Setim-Lamê, rua Rebertere Ad Locum Tum, em frente à quitanda o Pepino Cor-de-Rosa. (*Gongo*) E agora... (*Violinos desafinados e em surdina*)... ***bai*** ficar com ***bocês***, para o seu boa-noite, o ***espícler*** da ***boz*** azul-turquesa, o homem da ***boz*** romance de amor ao luar... ***Ouvai-o***."

OTELO: "Minhas queridas fanzocas. Com esta suave e afinada melodia, despede-se de vocês o seu querido Otelo Trigueiro, o tentação das viúvas milionárias. Vocês podem acreditar. Não é por eu querer me gabar, não. Elas me perseguem de tal maneira que eu ainda acabo me casando com uma só, só para me ver livre das outras. São os ***precalços*** da popularidade, minhas queridas, que às vezes me fazem pensar nessas bobagens. Mas não se assustem: eu não me casarei, eu não posso me casar, porque eu ***se*** pertenço a mim mesmo, eu sou é de todas vocês. Podem ***naná*** sossegadas, minhas ***bilezucas***. Boa-noite, sim? Boa-noite para vocês..."

PRK-30

Script *do programa de estreia na Rádio Nacional, em 27 de setembro de 1946.*

(*Gongo*)

MEGATÉRIO NABABO D'ALICERCE (Castro Barbosa): "***Acavaram*** de ***oubire*** o nosso gongo ***inlétrico***. Esta ***suabe*** e gentil gongada foi também uma gentil ***uferta*** da leiteria Fasamais e Nadanelo, a imperadora da bossa. E não se esqueça: mais ***bale*** a sorte ***falhare*** do que a esquina ***dum*** burro ***buare***! (*Gongo*) E assim, minhas ***hidrolatadas oubintas***, desta maneira ***suja-néris*** e ligeiramente perfumada, a sua *PRK-30*, com a mais máxima satisfação, ***bolta*** a ***inrradiare***, ***operacionando*** agora em 98.898 ***kilociscos,*** na faixa de ondas longas, curtas e mais ou menos, ***frekência*** de metro e meio, estação ***ônibus-direcional saim bulante***, ***birgula,*** 3,19 reticências, ponto, 60 e não ***salibanta*** mais. (*Gongo*) E agora, como não podia ***deixare*** de não ***sere***, num ***inlibado*** requinte de ***supremosa*** delicadeza, a sua *PRK-30* passa a ***apresentare*** um troço tão formidável que é capaz de ***abalare inté*** os ***paralepipos*** da cidade. Com a ***palabra***... a nossa audaciosa ***urcresta sinfronica*** de Cóla Kóca, ***digerida*** pelo maestro Radanhaes Métale, que hoje, em homenagem à queda da ***Pastilha***, ***bae inzecutare*** o nosso prefixo em alemão. ***Oubai-o.*** (*Prefixo*) E agora, amigo ***oubinte***, chegou a hora da onça ***buber*** água!... ***Puraim***, como ***inziste*** falta d´água em abundância, e como se trata de assunto de transcendental ***impurtância***, ***bamos*** dizer que ***chigou*** a hora da onça ***buber chimpanha***. Sim, amigo ***oubinte***, ***chimpanha*** porque se trata da apresentação do maior ***loucutor*** de todos os tempos. (*Clarins: AIDA*) Otelo Trigueiro, o super-homem arrojado do ***étra,*** aqui está de corpo presente pra deleite e ***alíbio*** de suas ***fanges nerbosas*** e ***psiucopáticas***! Palmas para o Fla-Flu dos ***licutores***." (*Palmas*). (*Tambor*)

OTELO TRIGUEIRO (Lauro Borges): "Gracias, mutchas gracias! Eis-me aqui eu outra vez para a salvação do Raio Aborígene! Justiça, meus senhores! Não poupai... aplausos, minhas Olivias Palitos! ***Aproveitae*** esta feliz oportunidade de aplaudir com frenesi. Mais palmas pra mim." (*Palmas*)

MEGATÉRIO: "Mas espere lá, ó rapaz. ***Baes*** ficar muito tempo nesta agonia?"

OTELO: "Que agonia? Então você acha que eu não mereço?"

MEGATÉRIO: "Merecer, merece. Merece até mais. Merece até um tiro na cara... Quer dizer, merece até uma ***salba*** de tiros de canhão. Mas isso era o ***guberno*** que ***debia providenciare***. Isto é um relaxamento."

OTELO: "Não... Nós estamos numa fase de economia e, com esta falta de açúcar, pra que gastar balas. Eu mesmo disse ao governo que não queria manifestações oficiais."

(*Clarim*)

OTELO: "Ligeiramente ***contraltados*** para o nosso ***pograma*** de hoje, vamos ouvir, como terceiro número, o ***grandessíssimo*** tenor azteco-bexicano Acoca Uáua Betonienueva, que vai cantar, com acompanhamentos dessa orquestra aqui, a linda canção de Augustin Lero e Maria Tereza Idem, intitulada: 'Olha Só o Carimbo'."

(*Castro canta paródia com orquestra*): "Olha só o carimbo / que eu ***tainho*** no ***mo*** focinho / Olha só o carimbo / ***Caim*** o fez foi ***mo*** benzinho / Piedade Olibeira d´Azebedo / É o nome da mulher que carimbou-me / Só porque certa ***noute*** / Eu fui-me embora / E em minha companhia ***lebei*** a Aurora / Piedade Olibeira d´Azebedo / É um nome que eu ***ruspeito*** e ***tainho*** medo / Pois o braço dessa ***gaija*** é ***damargare*** / E escolhe sempre a minha cara / Pra ***arrebentare***... Ai, ai, eu nasci para ***sufrer***..."

LOCUTORA (Lauro Borges): "O soberbo número que vocês acabaram de ouvir foi uma ***carimbosa*** oferta da cama patente marca Leão. Amigo ouvinte, durma confortavelmente como um porco na famosa cama... Leão." (*Gongo*)

MEGATÉRIO: "E por falar em salsicha, não diga: ai, meus calos! Peça ao seu ***fornecedore*** ou ao empregado dele uma latinha das famosas salsichas 'Au au', ***ingienicamente*** fabricadas à base de cachorrinhos bassê. Embora a lata não lata, a salsicha 'Au au' já vem latindo. (*Gongo*) E agora, amigo ***oubinte***... (*Telefone toca*) Esse raio desse telefone só ***serbe pa atrapalhare***. Amigo ***oubinte***, um ***mumento*** enquanto nós ***bamos*** atender esse telefone aí. Não desliguem o rádio, esperem aí que eu já ***bolto***." (*Gongo*)

(*Locutor lê anúncio*)

OTELO: "Alô, alô... raio de ***escutchas*** de todo o Brasil, atenção! ***Desenterrompendo*** as nossas irradiações, aqui está novamente o comandante-em-chefe da *PRK-30*, Otelo Trigueiro, o ***irapurú*** melodioso da rádio indígena."

MEGATÉRIO: "Ó, ó ***Irapirú***."

OTELO: "Pirú não rapaz, purú."

MEGATÉRIO: "Seja lá o que ***fore***. Olha, ***telefunaram*** pra ***bocê*** pedindo pra ***bocê*** contar algum fato interessante que ***bocê*** tenha presenciado lá entre os ***xabantes***. Não aconteceu nada interessante?..."

OTELO: "Aconteceu sim. Tem cada uma gozada."

MEGATÉRIO: "***Antão*** conte lá uma delas que os ***oubintes*** esperam."

OTELO: "Um dos casos interessantes foi o seguinte: um dia, um xavante daqueles bem mal-encarados procurou um padre da expedição que o casasse com duas mulheres. Salve ele! Que malandro, heim? É. Aí o padre explicou que ele só podia casar-se com uma mulher. Que escolhesse uma das duas e voltasse no dia seguinte. No dia seguinte, ele voltou de fato com uma mulher só e o padre então fez o casamento. Quando acabou o ato, o padre então perguntou pro xavante: 'E a outra moça? O que é que o senhor fez com ela? Abandonou-a?'".

MEGATÉRIO: "E o que foi que ele respondeu?"

OTELO: (*Ri*) "Ele disse: 'Não senhor. A outra eu comi ontem ensopada com chuchu.'"

MEGATÉRIO: (*Gongo*) "***Tambaim*** com chuchu ***inté*** eu." (*Gongo*)

(*Escala ao piano*).

PRIMEIRA MULHER (Lauro Borges): "Como ela está gorduchinha... Que lindas pernocas ela tem."

SEGUNDA MULHER (Castro Barbosa): "Se eu soubesse o que ela come, comeria também."

OTELO: "Muito bem. Ela come Murcho-fix-chuchu ensopado."

CANTOR (Castro Barbosa): "Murcho-fix-chuchu ensopado / Faz ***dum magrissa***, baleia / É um alimento danado / Engorda até centopeia."

MULHER (Castro Barbosa): "Que lindo é o corpo engordado com..."

OTELO: "Murcho-fix-chuchu ensopado."

CANTOR: "Murcho fica um chuchu perfumado / Numa cabeça pendurado / Mas como alimento é cotado / Murcho-fix-chuchu ensopado... Plililililim..." (*Gongo*)

(*Prefixo de falecimento.* ***Gude naite*** *to you, etc...*)

OTELO: "Faleceu ontem, em Bôas Condiças, Estado do Rio, o conhecido campeão de levantamento de pesos e halteres, Tâmi Amaurelo, vítima de uma insuperável ***alteres esclerótica*** galopante, complicada com um *jab* no estômago e um *upercut* Joilusiano. O recém-falecido entregou os pontos precisamente às 23 horas e 68 minutos da noite."

MEGATÉRIO: "E olha que já ***murreu*** tarde."

OTELO: "Ó rapaz, mais respeito com esse negócio, heim?"

MEGATÉRIO: "Não, eu disse que ***murreu*** tarde por causa da hora. Já ***passaba*** da meia ***noute***..." (*Gongo*)

LOCUTORA (Lauro Borges): "A *PRK-30* está apresentando ***Um Bigo Pareide*** com os artistas da ***radiofolia*** não só do exterior, como também de outros países... Ao nosso ***microfanho*** a famosa dupla Rancharenga e Alvanchinho, que vai cantar um interessante número do seu ***avariado reposteiro***... ***Reposteiro***? Ah, não. (*Ri*) Eu li errado. É ***respertório***." (*Ri*)

MEGATÉRIO: "Estás ***tarire***, sua mal-acabada... Entra, pessoal. Ó caipiras, mete os ***paitos***..."

PRIMEIRO CAIPIRA (Lauro Borges): "Caipira não, heim, ó bigodudo. Mais respeito."

SEGUNDO CAIPIRA (Castro Barbosa): "É, ***vamo deixá*** de ***forga cum nois***, heim? ***Óia***, ***ocê*** hoje ***num*** tá ***bão***, não."

PRIMEIRO CAIPIRA: "Deixe ele. Eu tô ***urubuservando*** ele e ele num tá ***mão mermo***, não."

SEGUNDO CAIPIRA: "Ó ***rapaiz***, barbado só cajá-manga, ***sá***? O cumpadre, num liga ***prele*** não e ***ba-atendê*** os ***pidão***."

PRIMEIRO CAIPIRA: "É, ***bamo cantá*** aquela... (***Á quár***? 'A Duqueza ***dum Mau Tabaréu***'?)... Não, aquela outra. Fartura, de nossa teoria. (***Á quar***?) Aquela ***ca musga*** do ***cumpadre*** Gonzaga. ***Bamo***."

PRIMEIRO CAIPIRA (*Cantando*): "Fui cozinheiro há mais de trinta *ano* / Quando as *torneira* tinha água nos *cano*."

SEGUNDO CAIPIRA: "E os *bife* era cada um, ***bacano*** / E a carne era sem osso e o osso ***cum*** tutano."

OS DOIS: "Hoje... Que vida ingrata, os ***cozinhêro*** têm / Já ***num*** faz bife, porque só vem osso, / Já ***num*** faz sopa, ***porqu´água num*** vem."

PRIMEIRO CAIPIRA: "Se hoje tem carne..."

SEGUNDO CAIPIRA: "Tá ***fartando*** banha."

PRIMEIRO CAIPIRA: "E se tem banha..."

SEGUNDO CAIPIRA: "Tá ***fartando sár***."

PRIMEIRO CAIPIRA: "E se tem ***sár***, aumenta as minhas ***mágua*** / Porque ***farta*** tudo: Tá ***fartando*** água!... / Só uma coisa é que ***num qué fartá***."

SEGUNDO CAIPIRA: "É o câmbio negro e o vício de ***roubá***."

OS DOIS: "Nossa senhora, quanta ***farta*** faz / A ***farta*** de vergonha / E de outras coisas mais / Eu ***inté*** já disse pra ***vancê***, meu mano, / Que é ***arfaiaite*** e anda cortando o pano / Porque ***num*** corta logo de uma vez / As *mão* desses *larápio* que rouba os *fregues*..." (*Palmas*)

OTELO: "E agora, encerrando o nosso moreno e simpático ***pograma*** 'Coisas do Arco da Moça', o rival do da velha, vamos ouvir como primeiro número, para atender a ***assistentes*** pedidos, mais um interessantíssimo anúncio. (*Gongo*)... Vende-se uma simpática peça de casemira quase inglesa e um bom terreno em Cascadura, medindo ambos 12 de frente por 45 de fundos, lado da sombra e lugar de muita valorização, sendo o primeiro azul-marinho com bolinhas brancas e o segundo plano e com linda vista sobre o mar. São ótimos para jaquetão sem colete ou para pequena criação de porcas, galinhas, bananeiras, servindo também para *tailleurs* de senhoras. Os interessados devem procurar o senhor Ernesto Panela de Barro, em sua residência sita numa das principais ruas de Bangu, diariamente das 19 e 24 às 24 e 19." (*Gongo*)

MEGATÉRIO: "***Cabalheiro***. Para ser ***inlegante***, o senhor precisa usar uma camisa que tenha o tamanho certo do seu braço. Na camisaria 'Fralda Curta' a sua camisa tem o tamanho ***inzato*** do seu braço. E se não ***tiber***, corte o braço porque a camisa está certa. Camisas de força com colarinho 'Frix-Tex' que não amarrota, só na 'Fralda Curta', a rainha da ***balsa bienense***."

[Neste ponto, rassuras no *script* original impedem a transcrição *ipsis litteris* do início da novela que se segue, *A Mulher Que Comeu Sonhos*: achando-se envenenada depois de comprar sonhos em loja de doces, uma marquesa paquidérmica (Lauro Borges) teme a reação do marido Paulo e chama seu médico particular (Castro Barbosa).]

MULHER: "***Lebei-os*** pra casa... tranquei-me com eles num quarto!... Enfim, sós! Comi um por um. Mas ***cando*** chegou ali por ***bolta*** do terceiro, comecei a sentir umas ***peniculadelas*** no ***hipocondrio*** esquerdo. Mas não parei, pelo contrário, gritei pra dentro de mim mesmo: ***abante saboia***, pra frente é que se anda. ***Cando*** acabei de deglutir o sétimo sonho, desfaleci! O ***oitabo*** eu mandei pro papo já desfalecida. Comecei então a ***ber*** que eu ***estaba*** sendo vítima dos ***embenenadores***. Mas já era tarde. Chamei o senhor e comecei então a ***piorare*** pra burro... Eu sinto que ***bou murrer***, ***doutore***..."

MÉDICO: "Ó senhor, mas será que ***baes*** arrebentar na minha mão?"

MULHER: (*Falando sem se fazer entender*).

MÉDICO: "Heim?"

MULHER: "Nada, estás surdo, diabo!"

MÉDICO: "Ah, ***estaes milhurando***. Falando mais alto, heim?"

MULHER: "O que mais me aflige, doutor, é que Paulo não queria que eu comprasse sonhos, e, se ele souber que eu ***bou murrere embenenada*** com sonhos..."

LOCUTORA (Castro Barbosa): (*Clarim forte*) "Atenção, senhores ouvintes! Aqui nesse trecho vai começar a interpretação soberba do inqualificável ator que é Otelo Trigueiro. Observem com que sublimidade, com que arte, com que admirável suavidade ele ***infecciona*** as palavras da sua obra imortal, *A mulher que comeu sonhos*. Atenção, voltemos para o palco do éter sulfúrico do nosso teatro..."

MULHER: (*Batidas na porta*) "É ele doutor. Ele ***bae*** me matar."

MÉDICO: "Calma, minha filha. Eu estou aqui e a senhora pode ter a certeza... que é a mesma coisa que se eu não ***estibesse***..."

MULHER: "Obrigado, doutor!... (*Pancadas fortes na porta*) Doutor, abra a porta. Seja o que Deus quiser." (*Barulho de porta abrindo*)

OTELO: "Mi-se-rá-vel!..." (*Acorde forte*)

MEGATÉRIO: "E com este miserável do Otelo Trigueiro, amigo ***oubinte***, fica encerrado mais um capítulo desta obra-prima que foi apresentada pela primeira ***bez***. Que sucederá à marquesa? Ela ***murrerá*** entupida ***cos*** sonhos ou embarcará de ***abião*** pra Roterdam no próximo dia 15?" (*Gongo*) (*Acordes vibrantes da orquestra*)

MEGATÉRIO: "Finalizando este sensacional ***pugrama***, ***bamos oubir*** agora, Maria Joaquina Dobradiça da Porta Baixa, que ***bae*** se ***dismilininguire*** num fado da ***larva*** dela... Com a palavra essa fadista que todo mundo admira."

(*Lauro canta fado. No fim, palmas*)

MEGATÉRIO: "E agora, o ***dibino*** Otelo Trigueiro, no seu ***famouso*** Boa-Noite pra ***bocês***..."

OTELO: (*Violinos*) Otelo lê o Boa-Noite, encerrando o programa.

PRK-30

Script *do programa de despedida de Castro Barbosa, em 28 de dezembro de 1961, pela Rádio Nacional.*

(*Orquestra. Acorde longo*)

MEGATÉRIO NABABO D'ALICERCE (Castro Barbosa): "***Mos*** audaciosos ***oubintes***, muito boa-tarde, recomendações à família e beijinhos na cara dos seus filhos. Agora, se os senhores não ***tiberem*** filhos, ***antão***... beijinhos nas caras dos seus netos... (*Gongo*) A famosa *PRK-30*, a ***prutetora*** dos ***oubidos*** desamparados, ***bae*** dar início às suas ***inrradiações*** matinais desta noite..."

OTELO TRIGUEIRO (Lauro Borges): "... apresentando pela primeira vez no Brasil a famosa ***orcresta*** japonesa Sutian-Kai, ***digerida*** pelo famoso maestro Shera Gato Nomuro..."

MEGATÉRIO: "... que ***bae inzze-zecutar*** o nosso ***marabilhoso proficus*** musical. Maestro!..."

JAPONÊS (Lauro Borges): " ***Ataka***?"

MEGATÉRIO: "Ataca."

JAPONÊS: "***Quere*** que ***toca di*** tanga?"

MEGATÉRIO: "Se eu quero que toque de tanga?"

JAPONÊS: "***No***, ***no***, esse ***no***. Esse: ***quere*** que ***toca*** de biquíni..."

MEGATÉRIO: "De biquíni? Deixa-me ***ber*** o teu físico. Tu, de biquíni, pareces uma minhoca de dieta, raios o parta!..."

JAPONÊS: "***No***! Takanaka Nanika Gatsin-chin atchim."

MEGATÉRIO: "Saúde!... Sei lá o que essa besta está a dizer! Ataca logo o ***prufi-cho***..."

JAPONÊS: "***Ataka***?"

MEGATÉRIO: "Ataca."

JAPONÊS: ***Arô***, tá ***bakana***, toca na gaita."

(*Orquestra. Prefixo bem fininho. Música motivo japonês*)

MEGATÉRIO: "Chega! Sim senhor! Como tocam ***baim*** estes filhos do sol poente! É uma ***marabilha***! (*Gongo*) E ***persseguindo*** em nossa 'Hora do Gato', ***bamos*** chamar agora uma ***arrepresentante*** do ***xexo*** frágil. É a srta. Dona Benedita Cólica. Faz ***fabor***, dona Cólica, como ***bae*** a ***senhoura***? Está melhor do seu sobrenome?"

DONA CÓLICA (Lauro Borges): "Tô ***meió***, ***brigada***..."

MEGATÉRIO: "***Salba*** ela! Estou ***gustando*** de ***ber***: toda chique, de meias ***berdes***, sapato de ***película bermelho***, ***bestido*** azul e roxo abacate... Sim senhora!..."

DONA CÓLICA: "***Brigada***." (*Ri*)

MEGATÉRIO: "Parece até a Brigite Bardoca... Mas ***bamos ber***, o que é ***ca*** menina ***bai*** cantar?"

DONA CÓLICA: "Eu ***vô cantá*** em primeira audição, para ***atendê*** a pedidos, aquela ***varsa intitulo-aleijada*** 'Trujú Lamú'..."

MEGATÉRIO: " 'Trujú Lamú?' Que diabo ***bem*** a ser isso?"

DONA CÓLICA: "Eu ***num*** sei, não. Eu ***priguntei*** pra uma amiguinha minha que sabe ***ingreis*** – ela aprendeu ***cuns marinheiro miricano*** – e ela me disse que Trujú Lamú ***qué dizê***: 'Sempre o ***amô'***... É, no ***indioma cheques-sovaco***..."

MEGATÉRIO: "Ah! ***Antão*** num é Tujú Lamú que se diz. É Trejér Lamore."

OTELO: "Um momento. Ó ***inguinorança***! Não é nem Trujú Lamú nem Trejé Lamer. E a língua também não é ***ticheca-silovaca***, é arábica, usada na cidade de Goma... É a língua da Goma arábica!"

MEGATÉRIO: "Ah! É ***berdade***, eu já ***naim ma lambraba***. Fica ao pé da cidade de Guta-perche, ***num*** é?..."

OTELO: "Justamente."

MEGATÉRIO: "É isso mesmo. ***Baim***, dona Cólica, ***caim*** é o autor desse negócio ***ca*** srta. ***bae*** cantar?..."

DONA CÓLICA: "Não senhor."

MEGATÉRIO: "Não senhor, o que?"

DONA CÓLICA: "Ele não é ator, não ***sior***. Ele trabalha de vidraceiro ali perto de uma pedreira, ***né***? Ali, o senhor sabe, quando dão aqueles ***tiro*** pra ***tirá*** a pedra de ***pedera*** sempre quebra ***arguns*** vidro da vizinhança, ***num*** é? Então ele vai se ***oferecê*** pra ***cunsertá*** os ***vidro***, pra ***ganhá*** uns ***cobre***, ***num sá***?"

MEGATÉRIO: "Ai é? ***Num*** é? Este diabo é burro que faz gosto!... ***Num*** é nada disso que eu estou ***preguntando***, minha filha. O que eu quero saber é quem ***escrebeu*** essa música que ***bocê bai*** cantar, entendeu?"

DONA CÓLICA: "Ah! ***Num dianta*** eu ***dizê*** o nome dele. O senhor ***num cunhece*** ele."

MEGATÉRIO: "Ai as minhas encomendas! Olha aqui, ó filhinha ***dum*** burro!..."

DONA CÓLICA: "O que é, papai?"

MEGATÉRIO: "O que eu quero é saber o nome do compositor."

DONA CÓLICA: "Não senhor, o nome dele ***num*** é esse não. Ele ***num*** se chama Campos Heitor, não senhor, nem Heitor Campos. ***Comé*** que o senhor ***qué*** que eu ***digue*** que o rapaz se chama Campos Heitor?"

MEGATÉRIO: " Ó estupidez ambulante! Eu ***num*** quero que ***bocê*** diga coisa nenhuma. Preste atenção! O que eu quero saber é se ***bocê*** não ***inguinora*** a nomenclatura do ***plumitibo***, do ***bate canova*** que, empunhando a pena com a ***dextra***, tala qual se fosse um buril, ***tebe*** a ideia sinistra de delapidar os ***bersos*** que ***bós*** ides cantar!"

DONA CÓLICA: "Ah... ***bão***... Porque é que o ***sinhô num falô*** isso há mais tempo? Quem fez essa música que eu ***vô cantá*** foi o pai da avó da ***fia*** de um primo da sobrinha da minha mãe!..."

MEGATÉRIO: "Era isso que eu queria saber e ***acabai*** ficando na mesma... Mas agora canta, ***aiantes*** que eu comece a espumar de raiva."

DONA CÓLICA: "Pode? Então lá vai... Dá o ***tão***, maestro!... (*Si Bemol, Cantando*) Ai que ***dô*** no ***cão-canhá***... / Essas ***dô*** eu ***indiquiri***... / De tanto me ***espaiá*** e ***chacoaiá*** no samba, oba... / No baile da gafieira lá no ***Estaço*** de Sá... / Eu chego em casa da patroa às 11 ***hora***... / E o ***armoço num*** tá pronto, minha vida não ***meiora***... / Tute le jur, je sui ***sacrifiquê***... / Me ***escangaio*** lá no samba e ***trabaio*** como quê... / Cette vida é de ***amarguê***... / Oi... Ai que dô no ***tornoze-elo***, etc. / Eu ***sô*** da bossa e meu ***cartais*** é ***bacano***... / Só namoro ***atoarmente*** marinheiro ***amiricano***... / E ***qualqué*** dia ***vô deixá*** de ***fazê*** grude... / ***Vô tomá*** um avião e ***vô morá*** em Holly-vude... / Só quero que Deus me ajude... / Ó... Ai que ***dô***, etc..."

MEGATÉRIO: "Muito ***baim***, palmas aqui pra dona Coisa!..." (*Palmas*)

OTELO: "E agora vamos chamar uma pessoa aí do auditório. Venha esse rapaz aí... esse que está com a meia esquerda furada..."

HOMEM (Castro Barbosa): "Eu?"

OTELO: "É. Pode subir..."

(*Cumprimentam-se*)

OTELO: "Bem, como é o seu nome, meu amigo?"

HOMEM: "Meu nome ***se chama-se*** Morice Petit Sorvete Rosbife-Piérre."

OTELO: "Rosbife-Piérre... se não me engano... Rosbife-Piérre era o nome de um grande general alemão, nascido na Bélgica e que tomou Varsóvia na guerra do Paraguai, não foi?..."

HOMEM: "Foi, sim ***sior***. Puxa! O ***sior*** conhece bem a Bíblia, heim?..."

OTELO: "A Bíblia?"

HOMEM: "É. A ***biblia-o-grafia*** da minha família."

OTELO: "Ah! A ***biblia-o-grafia***, conheço. Mas... o senhor é japonês ou alemão?..."

HOMEM: "Não, ***sior***. Sou ***franceis***. ***Franceis*** só por parte de mãe, ***né***?... Por parte de pai eu não sei se sou alemão, italiano ou sãotamaritano."

OTELO: "Mas... não sabe por quê?..."

HOMEM: "Porque a minha mãe ***se casou-se*** três vezes, ***né***?... A primeira vez... ela ***se casou-se*** com um alemão. Quinze dias depois, ***se divorciou-se***... e casou com um ***intaliano***... Dezessete dias depois, ela divorciou-se... foi para São Tamaro e casou com um sãotamaritano... Vinte dias depois... eu nasci..."

OTELO: "Nasceu?... Ah, o senhor nasceu, é?"

HOMEM: "Nasci, sim ***sior***. Palavra de honra. Se eu não tivesse nascido... não ia ***dizê*** pro senhor, não tenho interesse em ***menti***, ora..."

OTELO: "Está bem. Mas, a senhora sua mãe, o senhor tem certeza que era francesa?..."

HOMEM: "***Bissoluta***! Até lá em casa ela só falava ***franceis***."

OTELO: "***Qué dizê*** então que o senhor deve ***falá franceis*** muito bem."

HOMEM: "Por quê?...?

OTELO: "Ué! O senhor não disse que a sua mãe só falava ***franceis*** em casa?..."

HOMEM: "***Bão***... falava. Mas eu nunca entendi uma palavra do que ela dizia."

OTELO: "Mas como, meu amigo? Então o senhor não entendia o que sua mãe falava?..."

HOMEM: "Não entendia nem podia ***entendê***!... Quando ela morreu... eu tinha seis meses de idade... Como é que o senhor queria que eu entendesse?"

OTELO: "Ah, não! Mas... me diga uma coisa: adonde é que o senhor trabalha?"

HOMEM: "Eu trabalho ***ni*** uma fábrica de ovos."

OTELO: "Fábrica de ovos?"

HOMEM: "É. Uma fábrica de ovos e plantação de galinhas que meu tio tem."

OTELO: "Meu amigo, o senhor está ***escavocado***. O senhor com certeza ***qué dizê*** criação de galinhas e não plantação."

HOMEM: "Nãããão!... É uma plantação mesmo! Cada um fala como ***qué***! ***Nois*** não estamos ***ni um*** regime de ***demacacracia***?..."

OTELO: "*Bão*. Isso é verdade. Mas... a criação de galinhas que o seu tio tem é boa?..."

HOMEM: "É ótima!... É muito bem organizada. As galinhas têm todas carteira profissional... têm direito a férias, têm médico, injeção... tudo de graça."

OTELO: "Injeção? Mas galinha toma injeção, meu amigo?"

HOMEM: "Ué! Então não toma por quê? Toma, sim ***sior***!..."

OTELO: "Adonde? A gente toma injeção no braço, na ***adega***... mas... galinha não tem nada disso..."

HOMEM: "***Bão***... elas ***toma*** injeção na veia..."

OTELO: "Ah..."

HOMEM: "É... São galinhas todas bem tratadas... Só se alimentam de sorvete..."

OTELO: "Galinha comendo sorvete?... Mas pra quê?..."

HOMEM: "Pra ***botá*** ovos frescos, ué! Elas ***toma*** sorvete de coco, e bota cada ovo de casca dura... que parece coco mesmo. Pra ***quebrá*** a casca tem que ***batê*** com um martelo."

OTELO: "Formidável, heim?..."

HOMEM: "É maravilha! Tem até uma raça de galinha que já bota os ovos ***quente***."

OTELO: "Já botam os ovos quentes, é?..."

HOMEM: "É. Mas essas tem que usá uma calcinha de lã..."

OTELO: "Ah! Pra não ***esfriá***, não é?..."

HOMEM: "É sim ***sior***. Tem lá um aparelho pra ***inzaminá*** se os ovos *tão* frescos... que é uma maravilha."

OTELO: "É? E como é que funciona esse aparelho?..."

HOMEM: "É assim: o ***sinhô*** quebra o ovo... separa a clara da gema, e depois bota a gema no aparelho que é pra ***vê*** se tá fresca... Se ***tivé***... junta com a clara outra vez... Bota dentro da casca... Fecha a casca direitinho... E manda pra exportação..."

OTELO: "Mas que coisa formidável, heim?... Meu amigo, é uma pena..."

HOMEM: "Pena de galinha?"

OTELO: "Não. É... eu sinto muito não poder continuar recebendo essa verdadeira aula de ***ovologia*** que o senhor nos deu... mas o tempo *ruge*, e vamos ficar por aqui."

HOMEM: "***Bão***... sempre às suas ordens... o ***sinhô qué vê*** que beleza de ovo que eu tenho aqui, ó..."

(*Pega ovo de madeira e atira para Otelo pegar*)

OTELO: "Não! Assim quebra!..."

(*Apanha o ovo que caiu ao chão*)

HOMEM: "Esse não quebra. Esse é ***dos tal*** das ***galinha*** que ***come*** sorvete de coco... É ovo de casca dura."

OTELO: "Ah!... Formidável!... ***Qué dizê*** que pode ***jogá*** na cabeça de uma pessoa que não quebra..."

HOMEM: "Quebra a cabeça, mas o ovo não. O ***sinhô qué vê***..."

(*Bate com um ovo de verdade na cabeça do Otelo. Ovo quebra. Homem sai correndo. Otelo termina essa parte.*)

MEGATÉRIO: "E agora, minhas ***senhouras*** e minhas ***senhouritas***, atenção!..."

(*Clarim, Rufar de tambor*)

MEGATÉRIO: "***Cão forma*** já é do ***cunhecimento*** público de ***bárias*** pessoas, o nosso ***nutábel louco-torto*** Otelo Trigueiro, há coisa de dois minutos, ***cando*** ia comprar um São Luiz de Pão com salame do Rio Grande, no armazém ali defronte, foi ***raspatado*** por uma quadrilha de taradas da nossa alta sociedade, que agora ***ingige*** a importância de 17 e 700 pra lhe dar soltura. Dentro de alguns minutos forneceremos maiores ***detralhes*** a ***ruspeito*** desse ***amargureijante*** acontecimento social e ***esportibo***!... Aguardem!... (*Gongo*) ***Alão***, técnica, entra o disco do anúncio!..."

(*Piano: "Ciranda, cirandinha"*)

VOZ GROSSA (Lauro Borges): "Ouça, minha ***senhoura***! Manteiga farta... de melhor qualidade... e pelo incrível preço de 17 cruzeiros o quilo... só... Miragem!... Miragem, a manteiga dos meus sonhos!... Miragem!... A manteiga de cacau que você deve usar!..." (*Gongo*)

(*Orquestra: clarins, fanfarra*)

MEGATÉRIO: "Amigo ***oubinte***, muita atenção!... A sua espumejante *PRK-30*, num ***biolento*** furo de reportagem – aliás isto já num é mais furo, é um rombo!... – já está com os seus ***micro-infames is-talados nu lucal adonde*** o nosso feliz ***colegua*** Otelo Trigueiro se acha detido pela quadrilha das taradas e ***bai entrebistá-lo*** neste momento!... Atenção... ***bamos ligare*** a nossa linha telefônica prá lá!... Atenção!... ***Alão***, ***alão***, Otelo!..."

OTELO: "Fala Manga-tério!"

MEGATÉRIO: "Mangatério é o diabo que o carregue. ***Oube*** lá: ***bocê*** pode dizer aqui pros nossos ***oubintes adonde*** é que ***bocê*** está escondido?"

OTELO: "Não... Num posso ***dizê*** nada..."

MEGATÉRIO: "Não?..."

OTELO: "Não!..."

MEGATÉRIO: "Por quê?"

OTELO: "Porque se eu ***dissé*** que ***tô*** escondido aqui na Rua Barão do Tapete número zero mil e um é capaz de me ***acontecê*** alguma coisa desagradável!"

MEGATÉRIO: "***Baim***, ***antão*** num diga nada, moita... esteja quieto!..."

OTELO: "Eu estou aqui numa casa velha."

MEGATÉRIO: "Heim?"

OTELO: "Eu estou numa casa velha."

MEGATÉRIO: "Na casa da ***belha*** de quem?..."

OTELO: "Não é isso. Eu estou numa casa solitária."

MEGATÉRIO: "Fala mais alto. O que foi que ***bocê*** disse?..."

OTELO: "Eu estou numa casa solitária."

MEGATÉRIO: "Ah, estás com solitária? Eu ***bou*** te mandar um ***bormífuglo*** pro correio!..."

OTELO: "Alô."

MEGATÉRIO: "***Alão***!..."

OTELO: "Fala."

MEGATÉRIO: "***Oube*** lá: ***bocê*** sabe ***caim*** foi que ***repetou-te***?..."

OTELO: "Sei... ***Foro*** umas louras, umas morenas e umas pretinhas."

MEGATÉRIO: "Ah!... Pretinhas ***tambaim***?"

OTELO: "Também."

MEGATÉRIO: "Tu és um sujeito de sorte, heim?... Olha, como é que elas estão te tratando aí?"

OTELO: "Bem, ainda não faz uma hora que eu fui ***raspetado*** e elas já me deram três laranjadas, dois caldos de cana, uma compota de pêssego com queijo ***roque forte***, um ***sãoduiche*** de queijo ***roque fraco***, pepinos, charutos, café, batata doce e etc..."

MEGATÉRIO: "***Tambaim***?"

OTELO: "Também."

MEGATÉRIO: "Otelo... ***Bocê*** está interessado em sair hoje daí?..."

OTELO: "Não, não... Deixa ***vê*** primeiro o jeitão delas."

MEGATÉRIO: "Sei. Outra coisa: ***bocê*** está amarrado?..."

OTELO: "Estou. Estou amarrado numa poltrona velha. Uma poltrona sem braços, sem costas e sem assento... e estou com a boca cheia de esparadrapo, sem ***podê abri*** ela."

MEGATÉRIO: "***Num*** pode abrir a boca?..."

OTELO: "Não."

MEGATÉRIO: "Ó raio... Mas ***antão*** com que boca é que ***bocê*** está falando?"

OTELO: "Eu? Ah!... Estou falando é com a boca do estômago. Você ***num*** sabe que eu ***sô ventrínculo***?"

MEGATÉRIO: "Ah! É ***berdade***! Eu já não me ***malhambraba***!... Olha... Há outra coisa que eu queria ***preguntar***."

OTELO: "O que é?"

MEGATÉRIO: "***Bocê*** já leu aquele ***libro*** intitulado 'Salsã e Dalílula'?"

OTELO: "Espera aí, rapaz... O nome certo disso ***num*** é 'Salsã e Dalílula', nada!... É São-são e a Balisa, seu!..."

MEGATÉRIO: "Ou isso!"

OTELO: "Eu conheço. Eu vi até a fita..."

MEGATÉRIO: "É ***berdade***. O coitado do Salsão como ***sufreu***, heim? Aquele homem ***debia*** ser um santo."

OTELO: "Eu não acho. Ficava muito ***esquesito*** pra gente ***dizê*** São São-são... Mas olha aqui, você já arranjou o dinheiro pro meu resgate?..."

MEGATÉRIO: "Que gato?"

OTELO: "Não é gato nenhum, seu cachorro..."

MEGATÉRIO: "Mas afinal, é gato ou cachorro? (*Latidos*) Ô Otelo, isso que eu estou ***oubindo*** daí só pode ser cachorro."

OTELO: "Um momento... (*Pausa*) Não é, não. É cachorra... Mas o que eu quero saber é se você já arranjou o dinheiro para elas me soltarem daqui, os 17 e 700..."

MEGATÉRIO: "Já arranjei quase tudo!... Já tenho um cruzeiro e 70 ***centabos***!"

OTELO: "Olha, vê se arranja algum pra mim também, viu? Eu estou precisando de um terno novo, viu?

MEGATÉRIO: "Sei."

OTELO: "Olha... Telefone pra casa e diz pra mamãe me ***mandá*** os meus chinelos, o pijama risca de zebra e um pouco de papel pra ***escrevê***... que aqui não tem nenhum!..."

MEGATÉRIO: "Mas nenhum?"

OTELO: "É..."

MEGATÉRIO: "Escuta... Está muito frio aí?"

OTELO: "Tá sim..."

MEGATÉRIO: "***Antão*** bota a ***tôca*** que é pra não ***resfriá*** a careca."

OTELO: "Sei."

TELEFONISTA (Lauro Borges): "Alô... alô... Telefonista... Telefonista... Faz favor... (*Fala sem se fazer entender*) Telefonista, faz favor... Um momento, faz favorrr! A Liga de Proteção aos Playboys Desamparados está oferecendo uma dúzia de banana nanica para aquele que descobrir o paradeiro do grande ***lecutor*** Otelo Trigueiro, que foi raptado. É um prêmio que vale a pena."

MEGATÉRIO: "Ó Otelo, ***bocê oubiste*** o que a ***telefunista*** disse?"

OTELO: "Ouvi sim..."

MEGATÉRIO: "***Bamos*** apanhar este prêmio?"

OTELO: "Vamos, antes que apareça algum aventureiro..."
MEGATÉRIO: "***Antão***, até já..."
OTELO: "***Tejá***."
(Acorde. Publicidade)

PRK-30

Script *do último programa, em 25 de dezembro de 1964, pela Rede Record.*

(Clarins)

MEGATÉRIO NABABO D'ALICERCE (Daniel Guimarães): "Amigo ***oubinte***, atenção! A sua *PRK-30* ***bai*** ter o ***sulfanilamídico*** prazer e a ***gata*** satisfação de começar as suas ***inradiações*** de hoje pelo princípio."

LOCUTORA (Lauro Borges): "Para este momento ***ré-servamos*** o nosso ***ré-volucionário ré-gional*** do ***ré-gente Ré-ginaldo Ré-zende***, que veio de ***Ré-cife*** e que veio ***ré-pinicar***, ***ré-tinir***, ***ré-bolar***, os ***réco-récos*** do nosso ***ré-finado pre-ré-fixo*** musical."

MEGATÉRIO: "E qual é o tom? É ré maior ou ré menor?"

LOCUTORA: "Nem um nem outro. É ***ré-médio***. Entra, dona orquestra..."

(Regional)

MEGATÉRIO: "Chega! *(Gongo)* ***Bão tucar*** bem assim... no raio que os partam! *(Gongo)* E agora, depois desse belíssimo troço que ***bocês acavaram*** de ***oubire***, ***bamos tere*** o ***deslabado*** orgulho de ***apresentare*** um belíssimo solo de anúncios. ***Alão***, técnica! Entra o disco de anúncio!"

(Regional toca "Ciranda, Cirandinha")

PRIMEIRA MULHER (Lauro Borges): "Ih, minha filha. Com esse calor eu passo mal pra burro! Fico cheia de ***brituejas***! Dá uma coceira... Ihhhh..."

SEGUNDA MULHER (Daniel Guimarães): "Você já experimentou ***esfregá*** lixa grossa? É muito ***bão***."

PRIMEIRA MULHER: "Já, minha filha. Já fiz tudo."

SEGUNDA MULHER: "E talco? Você já tacou talco?"

PRIMEIRA MULHER: "Talco? Já. Eu toco talco todo dia... *(Regional, acorde, cantando.)* Eu taco talco cá, eu taco talco lá / Eu taco talco só com medo de ***coçá*** / Eu taco talco, estou cansada de ***tacá*** / Mas quanto mais eu taco talco / Mais me coço sem ***pará***... Plim!"

MEGATÉRIO: "Se a senhora não para de ***coçare,*** porque não experimenta o finíssimo talco Flor de Urtiga?"

LOCUTORA: "Fabricado com puríssimo pó-de-mico, o talco Flor de Urtiga ***invita*** coceiras no fígado, no baço, no ***inzôfego***, etc, etc. O ***cébrele*** maestro Rimi e Me Coça Ascostas deixou de coçar-se depois que usou o talco Flor de Urtiga."

MEGATÉRIO: "E lembre-se, minha senhora. O talco Flor de Urtiga ***urtigamente custaba*** muito mais caro do que hoje. (*Gongo*) E agora, ***perú-seguindo*** com o nosso 'Caruru Dançante', ***bamos apresentare*** a famosa dupla caipira Pinica e Pinoco. Palmas pros gajos!" (*Palmas*)

OS DOIS: "Eh! Eh! ***Bá*** noite! (*Auditório: Boa noite!*) Tá fraco. ***Bá*** noite! (*Auditório, forte: Boa noite!*) É, agora tá ***bão***!"

PINICA (Lauro Borges): "É. ***Mai cumpadre***, ***ocê*** já ***ponhô arreparo cumo*** tem gente boa aí no ***inditório***? É ***formidave***, isso aqui, ***cumpadre***."

PINOCO (Daniel Guimarães): "É, ***ocê*** tá ***ficano*** um ***bão*** puxa-saco, ***né***?"

PINICA: "***Ara***! Carece ***falá*** a verdade, ***né***? ***Mae***, ***cumpadre***, ***ocê*** sabe que eu ***tô arresorvido*** a ***passá*** uns ***tempinho*** aqui na ***capitar***?"

PINOCO: "O que, ***cumpadre***? ***Num*** me conte..."

PINICA: "Conto sim. Eu ***inté*** já aluguei um ***apertamento morde vim morá*** aqui."

PINOCO: "O quê? E ***adonde*** fica esse ***apertamento*** que ***vancê alugô***?"

PINICA: "***Bão***, fica ali na direita, esquina de avenida São ***Juão***. É um ***apertamento***."

PINOCO: "Ah, eu conheço. Num é um ***tar*** que tem umas ***porta cum*** trinco?"

PINICA: "Isso mesmo."

PINOCO: "Um que tem um ***teiado*** em riba?"

PINICA: "É."

PINOCO: "Que tem cozinha ***cum*** fogão?"

PINICA: "Esse!"

PINOCO: "Que tem um banheiro ***cum***..."

PINICA: "É esse mesmo, ***cumpadre***."

PINOCO: "Ah, esse ***apertamento*** é muito ***bão***. Tem tudo uma porção de armário embutido, ***né***?"

PINICA: "Não. Aquilo não é armário embutido, não. Aquilo é quarto."

PINOCO: "Num me conte..."

PINICA: "Conto sim."

PINOCO: "***Mae***, ***cumpadre***, mudando de ***assunte***: ***ocê*** sabe porque é que o inlefante não é ***vermeio***?"

PINICA: "Uai... é... ***num*** sei, não."

PINOCO: "***Ara***! Tão ***facir***! O ***alifante*** não é ***vermeio*** pra ***morde*** os ***otro*** não ***pensá*** que ele é morango." (*Riem*)

PINICA: "***Bão. Bamo cantá*** uma moda de viola, ***morde atendê*** os ***pidão***?"

PINOCO: "***Bamo.***"

OS DOIS (*Cantando*): "No ***Natar***, quando ***fô*** a meia-noite / ***Vô ponhá*** a ***butina*** na ***jinela*** / Que é pra vê se o Papai ***Noé*** se ***alembra*** / De ***dexá*** uns ***presente*** dentro dela / Eu só quero que pra mim não aconteça / Como aconteceu pro Chico Tarso / Que ***ponhô*** as ***butina*** da ***famía*** / E ***despois tivero*** que ***andá discarço*** / Papai ***Noer***, com aquele saco cheio / De brinquedo, não consegue ***andá ligero*** / E os ***ladrão*** de sapato e de ***butina*** / Quase sempre consegue ***chegá premero***! Eh, eh..." (*Palmas*)

OTELO TRIGUEIRO (Lauro Borges): "E agora vamos chamar uma pessoa aí do ***inditório***. Venha esse ***rapais*** aí, que tá de camisola..."

CALOURO (Daniel Guimarães): "Eu?"

OTELO: "É o senhor, sim. Pode ***subí***. (*Cumprimentam-se*) Escute uma coisa: por que é que o senhor veio aqui de camisola?"

CALOURO: "Ah, porque fui ao cinema ***vê*** uma fita e acontece que eu ***durmi***. Quando ***acabô*** o cinema, que eu acordei, tinham me ***robado*** as ***carça***. E como eu só tinha aquelas ***carça***... Eu agora sou obrigado a ***andá*** de camisola até ***arranjá otras***."

OTELO: "***Qué dizê*** que o senhor dormiu no cinema e não notou quando lhe roubaram as calças?"

CALOURO: "É, sim ***sior***. Me roubaram as ***carça***, os ***sapato***, as ***mêia***, o ***palitó***, a camisa, o lencinho do ***borso***, e os ***borso*** com tudo que ***tava*** dentro."

OTELO: "Mas, pra dormir assim no cinema... ***qué dizê*** que o senhor tem o sono muito pesado."

CALOURO: "***Bão***, isso eu não sei. Eu nunca me pesei quando eu ***tô durmindo***."

OTELO: "Tá certo. E como é o seu nome, seu Alcides?"

CALOURO: "Emílio."

OTELO: "Emílio?"

CALOURO: "É sim, ***sôr***."

OTELO: "Parabéns. Agora que o milho tá caro, seu nome tá valendo uma fortuna."

CALOURO: "É sim, ***sôr***."

OTELO: "E qual é a sua ***pó-frissão***?"

CALOURO: "Eu ***sô fossologista***."

OTELO: "***Fossologista***, é?"

CALOURO: "É."

OTELO: "Mas ***fossologista*** é alguma ***pó-frissão*** nova, alguma ciência que tem relação com a bomba ***tônica***, ou o que é?"

CALOURO: "Nada disso. Eu ***sô fossologista. Qué dizê***: ***limpadô*** de fossa."

OTELO: "Ah, ***limpadô*** de fossa."

CALOURO: "Eu também ***sô*** irmão daquela minha irmã que está aprendendo na ***unha-versidade*** do Rio de Janeiro."

OTELO: "***Unha-versidade***? É ***inguinorante***, ih! Não é assim que se ***prenonceia*** esse ***vagábulo***."

CALOURO: "Então ***comé***?"

OTELO: "É ***unis-verescidade***!"

CALOURO: "Não ***sior***! A minha irmã é na ***unha-versidade*** mesmo. Ela tá ***prendendo*** a sê irmã do Ivon."

OTELO: "Irmã do Ivon?"

CALOURO: "A ***mana-cure. Qué dizê***: irmã daquele ***cantô*** Ivon Cure."

OTELO: "Ah, sei. Conheço muito. Bem, sendo assim, tá certo. Mas o que é que o senhor veio fazer aqui?"

CALOURO: "Eu vim aqui pra ***vê*** se o ***sior*** podia me ***arranjá*** pra eu ***í morá*** na sua casa."

OTELO: "***Morá*** na minha casa?"

CALOURO: "É. É que eu ***tô*** morando no hospício com uma porção de maluco e isso num fica bem pra mim."

OTELO: "Mas por que o senhor está num hospício?"

CALOURO: "Só porque eu gosto de ***ampadinha*** de camarão."

OTELO: "Só por isso? Mas que bobagem! Eu também gosto tanto de empadinha."

CALOURO: "Pois é pro senhor ***vê***. Só porque eu dei pra colecionar ***empanhia*** de camarão eles me puseram no hospício. O senhor sabe? Eu já tinha dois quartos cheios de empada até o teto."

OTELO: "Formidável! Mas o senhor não está satisfeito no hospício, por quê?"

CALOURO: "Porque primeiro eles me puseram pra ***dormi*** num quarto com um sujeito que tem a mania de ***sê lião***, onça, jacaré, ***cracodilho***, etc."

OTELO: "***Bão***. Isso é meio perigoso."

CALOURO: "***Bão***, isso não é nada. Imagine o senhor que, agora, ele deu pra ***sê*** galinha! Piorou muito."

OTELO: "Não! Se ele passou de tantos ***animazes*** ferozes pra mania de ***sê*** galinha, o negócio está melhorando até."

CALOURO: "***Milhorando*** nada! Pra mim ***piorô*** até."

OTELO: "***Piorô*** porque?"

CALOURO: "Eu não falei pro ***sior*** que eu ***sô*** Emilho?"

OTELO: "É, o senhor ***falô*** que se chama Emílio."

CALOURO: "Então? Galinha não pode ***vê*** o quê? É milho. Galinha vê ***emilho***, já ***qué comê***. E eu não tenho jeito de ***í morá*** no papo da galinha."

OTELO: "É, o senhor tem razão. Eu ***vô vê*** se arranjo um lugar para o senhor se ***mudá***, tá ***bão***?"

CALOURO: "Depende, ***né***? Se ***fô*** pra Brasília, eu não quero."

OTELO: "Não ***qué*** por quê?"

CALOURO: "Porque eu não ***sô loco***, ué! Aquilo é tão ***bão***, tão ***bunito***, mas ninguém ***qué í morá*** lá! ***Locô*** é quem ***feiz*** aquilo! Eu não sou ***ninhum inguinorante*** de ***querê í morá*** lá, tá ouvindo?"

OTELO: "Tá bem. Eu arranjo outro ***lugá*** pra o senhor se ***mudá***. Não precisa ***ficá*** bravo. Faz favor. Pode descer. Cuidado aí pra não ***caí***. Levanta a camisola."

CALOURO: "***Levantá*** a camisola eu não posso porque eu tô sem..."

OTELO: "Não. Levanta um pouco só. Assim... isso..."

CALOURO (*Gritando*): "Oba!"

OTELO: "Puxa vida. Aparece cada um por aqui! A gente precisa ter uma paciência de ***jóckey***! (*Gongo*) E agora, vamos passar a palavra aos ***inlegantes lecutores*** da nossa estaçãozinha auxiliar. ***Alão***, ***alão***, estaçãozinha auxiliar..."

(*Intervalo*)

MEGATÉRIO: "E agora... (*Gongo*) ***Perseguindo*** com o nosso ***pograma*** de calouros, ***bamos*** chamar aquela senhora ali que está de ***sutien*** branco e marrom."

VELHA (Lauro Borges): "Eu?"

MEGATÉRIO: "É, a senhora mesmo. Boa-***noute***."

VELHA: "Boa-noite."

MEGATÉRIO: "Porque é ***ca*** senhora usa o ***sutien*** branco de uma banda e ***marrão*** de outra?"

VELHA: "Não ***sior***. Ele é todo branco. Mas este da banda de cá parece marrom porque eu uso ele prá ***coá*** café e ele foi escurecendo."

MEGATÉRIO: "***Antão*** está justificado o negócio. O que é isso? A senhora está pálida. O que foi que ***acunteceu***?"

VELHA: "Ah, isso foi um susto que eu levei agora."

MEGATÉRIO: "Susto? O que foi?"

VELHA: "Quando eu vinha vindo prá cá, um bruto de um ***lar-gato atravessô*** correndo assim na minha frente e quase me mordeu a perna."

MEGATÉRIO: "***Lar-gato***?"

VELHA: "É."

MEGATÉRIO: "Que ***marca*** de gato é esse que eu nunca ***bi***?"

VELHA: "Ô meu senhor, ***num*** foi gato não. É um jacarezinho pequeno. Foi ***largato***. O ***sior num*** sabe o que é ***lar-gato***?"

MEGATÉRIO: "Ah, sim. Mas era ***lar-gato*** ou ***lar-gata***?"

VELHA: "Bem, isso eu ***num*** sei porque ele passou tão depressa que ***num*** deu tempo de ***beservá*** direito..."

MEGATÉRIO: "Sei."

VELHA: "E logo depois veio um animal canino correndo atrás dele..."

MEGATÉRIO: "Animal canino? Cachorro ou cachorra?"

VELHA: "Também ***num*** tive tempo de ***vê***."

MEGATÉRIO: "Está bem. Diga-me uma coisa: ***cantos*** anos a senhora ***taim***?"

VELHA: "***Vô fazê*** 88 anos daqui a 35 minutos."

MEGATÉRIO: "Formidável! Como a senhora está conservada, heim?"

VELHA: "Ah, tinha que ***tá***. Eu estudei no conservatório, num ***sá***?"

MEGATÉRIO: "Sei. A senhora ***bai*** cantar alguma coisa?"

VELHA: "***Vô***. Eu ***vô cantá*** a valsa da teoria do meu avô que se ***machucô onti***."

MEGATÉRIO: "Machucou por quê?"

VELHA: "Ele foi ***jogá*** box com o pai dele e, quando ***chegô*** no 18º round, foi posto a ***inho-cauto***, só o senhor vendo!"

MEGATÉRIO: "***Labou*** um coice pelas fuças, ***num*** foi?"

VELHA: "Eu acho que sim."

MEGATÉRIO: "Muito ***baim***. E como é que se chama isso ***ca*** senhora ***bae cantare***?"

VELHA: "Chama-se 'É o fim'."

MEGATÉRIO: "É o fim?"

VELHA: "É."

MEGATÉRIO: "***Antão***, pode começar."

VELHA: "Pode?"

MEGATÉRIO: "Pode."

VELHA: "Maestro, dá o ***tão*** aí.."

MEGATÉRIO: "***Cal*** é o ***tão***?"

VELHA: "*Tão* dizendo que é lá ***menó***. ***Tão mara*** que seja, porque ***si fô maió*** é espeto. ***Bão***, eu ***vô cantá*** a valsa 'É o fim'. Lá vai..." (*Canta*) ÉEEEE ooo fiiimmm... Pronto, ***cabô***."

MEGATÉRIO: "Já?"

VELHA: "Eu não disse pro ***sior*** que era o fim? Já. Se o ***sior quizé*** eu posso ***repetí otra*** vez de novo..."

MEGATÉRIO: "Não, não. Palmas aqui pra dona Bichancha!" (*Palmas*) "E ***persseguindo*** com o nosso ***pograma*** de celebridades ***calourais***, isso é, de pessoas que já tenham tido ***miningite*** mais de três ***bezes***, ***bamos*** chamar uma pessoa aí do ***inditório***..."

(*Vozes: "Eu, eu...*")

MEGATÉRIO: "Um momento. Olha a impressão de desordem! Falem só três de cada ***bez***, senão não se entende nada! ***Benha*** esse rapaz que está ***drumindo*** na ***quintagésima*** fila. O senhor que está aí ao lado dele: faça o favor de dar-lhe um soco na cara para acordá-lo." (*Barulho de tombo*) "Isso, obrigado. ***Lebanta***, meu amigo. Enxugue o sangue e pode subir."

CALOURO (Lauro Borges): (*Bocejando*) "***Bá*** noite."

MEGATÉRIO: "Como é, ***mo*** amigo? O senhor ***beio*** aqui pra dormir?"

CALOURO: "Não. É que eu ***num*** tô passando muito bem da saúde, ***num*** sabe?"

MEGATÉRIO: "O que é ***co*** senhor ***taim***?"

CALOURO: "Eu ando sofrendo de insônia."

MEGATÉRIO: "Sofrendo de insônia?"

CALOURO: "É sim, ***sior***."

MEGATÉRIO: "Imagine se não ***sufresse***! Mas ***bocê*** sofre de insônia ***drumindo*** em pé desse jeito?"

CALOURO: "***Bão***, eu atualmente só consigo ***dormí*** 22, 23 horas por dia."

MEGATÉRIO: "Só?"

CALOURO: "Só. Antigamente não. Eu ***durmia*** 24, 26 horas por dia."

MEGATÉRIO: "26 por dia?"

CALOURO: "É, sim senhor. Fora as que eu dormia de noite, ***né***?"

MEGATÉRIO: E ***adonde*** é que ***bocê*** ia arranjar tantas horas pra dormir?"

CALOURO: "***Bão***, eu arranjava em casa mesmo."

MEGATÉRIO: "Ai é?"

CALOURO: "É, sim senhor."

MEGATÉRIO: "Esse ***debe*** ser o diretor do ***malucomo***."

CALOURO: "O que que o ***sior*** disse?"

MEGATÉRIO: "Nada, eu estou falando com os meus botões."

CALOURO: "Cuidado, heim. Quando a pessoa começa a ***conversá*** com os botões tá na hora de ***ingressá*** no hospício..."

MEGATÉRIO: "Eu acho que se continuar aqui num ***bai demurar*** muito tempo, raios ***ma parta***!"

CALOURO: "Se o senhor ***pelcisá*** de um pistolão lá pro hospício eu tô aqui mesmo."

MEGATÉRIO: "Obrigado. Qual! Aparece-me cada ***panarício***! ***Mo*** amigo, pra encurtar a ***cumbersa***, o que é que o senhor deseja?"

CALOURO: "É que eu tô desempregado e eu soube que os senhores aqui estão precisando de um contínuo, ***num*** é?"

MEGATÉRIO: "Sei, mas ***bocê beio*** tarde, porque ***nóis*** já arranjamos o empregado há mais de dois meses."

CALOURO: "Já arranjaram?"

MEGATÉRIO: "Já."

CALOURO: "Arre! Graças a Deus!"

MEGATÉRIO: "Era só isso?"

CALOURO: "Era, sim sior."

MEGATÉRIO: "***Antão***, ***bolte*** pro teu lugar e continua a ***dormire***. (*Boceja*)"

CALOURO: "Obrigado. ***Ói*** aqui: o senhor quer me ***fazê*** um favor... (*Boceja*)"

MEGATÉRIO: (Bocejando) "Faço. Raios ***parta*** que isso pega... O que é que o senhor quer?"

CALOURO: "Quando ***acabá*** o programa o senhor quer me ***acordá*** lá na cadeira?"

MEGATÉRIO: "Está bem, eu mando o maestro dar-lhe um acorde... bem nas orelhas."

CALOURO: "***Brigado***."

(*Gongo*)

MEGATÉRIO: "A seguir, meus senhores e minhas senhoras... Ô meu amigo, o que é que há? O senhor quer falar comigo?"

ALEMÃO (Lauro Borges): "***Zim***, ***zenhor***. Eu ***pôde*** confessar uma ***cosa*** com ***a zenhor***?"

MEGATÉRIO: "Pode. Mas ***a*** senhor há de ser a ***bobózinha***! Pode falar!"

ALEMÃO: "Eu ***querria*** que ***a zenhor davo*** aqui no ***Pe Erre Catrito*** um aviso ***parra a noifo ta*** meu filho..."

MEGATÉRIO: "O seu filho está ***noibo***?"

ALEMÃO: "***Zim***, ***zenhor***."

MEGATÉRIO: "Como é o nome dele? É Alcides?"

ALEMÃO: "***Num zenhor***. É ***Catarrina***."

MEGATÉRIO: "Catarina? Mas ***antão*** ele ***taim*** nome de ***mulhere***?"

ALEMÃO: "***Zim***, ***zenhor***. Ele ***ekstá*** mulher."

MEGATÉRIO: "Como é o negócio? ***Antão*** ele não usa calças?"

ALEMÃO: "Às vezes usa, mas, ***cherralmente***, só usa saias. ***Numo*** traje ***eksportive***, ***naturralmente*** ele usa ***calzos***."

MEGATÉRIO: "Ah, ele está falando é da filha dele. Agora é que eu estou entendendo. É ***inguinorante***, ih! ***Antão***, ***num*** é ***a*** meu filho está ***noibo*** que se diz. É: a minha filha está ***noiba***."

ALEMÃO: "Oh! ***Parrabéns***. A sua ***filho tampén ekstá noifo***?"

MEGATÉRIO: "Está. Raios ***parta*** a ***inguinorância***! (*Gongo*) Afinal de contas, o que é ***co*** senhor quer?"

ALEMÃO: "É que a ***noifo*** de ***minho*** filha ***tesaparreceu***."

MEGATÉRIO: "O ***noibo*** da sua filha desapareceu, por quê?"

ALEMÃO: "***Fui a*** seguinte. ***Ondem***, ***no meio-noite***, quando eu cheguei ***no meu*** casa, encontrei ***ladron tentro da*** meu quintal."

MEGATÉRIO: "***Encuntrou*** um ladrão dentro do quintal?"

ALEMÃO: "***Chustamente***..."

MEGATÉRIO: "***Adonde*** é ***co*** senhor mora?"

ALEMÃO: "Na rua Barron de Barri."

MEGATÉRIO: "Amigo ***oubinte***, se ***num*** é que ter a sorte de falar correntemente o alemão, ***estrapaba-me*** todo. Não ia entender nada. Afinal, o senhor encontrou o ladrão, e o que foi que fez?"

ALEMÃO: "***Tirrei a*** revólver, ***abuntei a*** revólver para ele. ***Tispois*** peguei ***o*** ele ***nos*** costas e fui carregando ele até ***Zaute Assirro***."

MEGATÉRIO: "Sim, e depois?"

ALEMÃO: "Quando nós chegamos lá, eu botei ***a ladron*** no chão e falei assim para ele: 'Olha aqui, ***sua sem-forgonha***. ***Otra fies*** que você for roubar ***no meu*** casa, eu ***fou*** te carregar até muito mais longe, ***fiu***?'"

MEGATÉRIO: "E daí?"

ALEMÃO: "***Dispois*** eu ***voltô*** para ***o meu*** casa e encontrei a minha ***filho***, ***chorrando*** porque eu ***lefei a nofo*** dela ***emborra*** pesando que ***esta erra uma ladron***..."

MEGATÉRIO: "Ah, quer dizer que ***num*** era o ladrão?"

ALEMÃO: "***Nom*** senhor."

MEGATÉRIO: "Isto é burro que faz gosto! Era o ***noibo*** da sua filha?"

ALEMÃO: "Yá, yá."

MEGATÉRIO: "Ele se chama Yá Yá?"

ALEMÃO: "***Nom***. Frederrica."

MEGATÉRIO: "Frederica? Esses diabos são todos atrapalhados. Mas como é que o senhor foi fazer uma coisa dessas? "

ALEMÃO: "Eu ***ekstafa uma poco pepído***, eu tinha tomado ***muitas jopes***..."

MEGATÉRIO: "Mas ele não ***arreclamou*** quando o senhor pegou-o às costas? Não disse quem era?"

ALEMÃO: "Nom, ***zenhor***. Ele não ***podeu*** reclamar porque ele ***ekstá*** mudo. Ele ***nom zabe*** falar."

MEGATÉRIO: "Ah, ele é mudo, coitado? E o que é que o senhor quer que eu faça?"

ALEMÃO: "Eu ***querria*** que ***a zenhor fala na*** microfone pra ele ***foltar otra fez*** pra ***namorrar o meu*** filha, que eu ***promete nom carrecar*** mais ele. E eu ***querria petir tesculpas*** por ***causo*** de essa atitude ***micho***!"

MEGATÉRIO: "Atitude o quê?"

ALEMÃO: "***Micho***! Quer ***tizer***, atitude ***ortinárrio***!"

MEGATÉRIO: "Está bem. Pode deixar que eu vou mandar uma nota no programa 'Perdidos e Achados'."

ALEMÃO: "Muito ***aprigado***. ***Tesculpe*** alguma ***coiso***. E ***au fin der zen***."

MEGATÉRIO: "***Au fim de dezembro***. Atenção, técnica: entra o disco de encerramento!"

OS DOIS (*Cantam*): "Blom, blem, blom, blem, blom / Pra o nosso povo, um ano novo bem bom / Blom, blem, blom, blem-blem / Para os colegas / Um ano bem bom também" (*Repete e vai sumindo*).

DISCOGRAFIA

Os discos em 78 rpm estão relacionados por ordem cronológica de lançamento. Além dos títulos das músicas, são citados o(s) autor(es), o gênero, a data das gravações (quando disponível), a gravadora e o número do disco.

A menção de apenas uma música em determinado disco indica que Castro Barbosa ou Lauro Borges só gravaram essa face.

Fonte: *Discografia Brasileira 78 rpm – Volumes 2, 3 e 4*, de Alcino Santos, Gracio Barbalho, Jairo Severiano e Miguel Ângelo de Azevedo (Nirez). (Edição Funarte, 1982)

CASTRO BARBOSA

1931

Março – TU HÁS DE SENTIR (Heitor dos Prazeres) *samba-canção*. UVINHA (André Filho) *marcha*. (*Parlophon, 13.292*)

– TÁ DE MONA (Maércio e Mazinho) *samba*. Com CB e o Bando da Lua. (*Brunswick, 10.163*)

Julho – SINTO FALTA DE VOCÊ (João de Freitas Ferreira, o Jonjoca) *samba*. Gravado em 12/06/1931. Com CB e Jonjoca. A CANA ESTÁ DURA (João de Freitas Ferreira) *samba*. Gravado em 12/06/1931. Com CB e Jonjoca. (*RCA-Victor, 33.447*)

Agosto – VOU PEGÁ LAMPIÃO (J. Thomaz) *samba*. Gravado em 03/07/1931. CARIOCA (J. Thomaz e Orestes Barbosa) *samba*. Gravado em 03/07/1931. (*RCA-Victor, 33.451*)

Outubro – VIVO CHORANDO (Benedito Lacerda) *samba*. Gravado em 26/08/1931. Com CB e Jonjoca. VOU MUDÁ DE PROCEDÊ (Maércio Azevedo e Mazinho) *samba*. Gravado em 04/09/1931. Com CB e Jonjoca. (*RCA-Victor, 33.470*)

– CANTAR (Fernando Castro Barbosa) *valsa*. Gravado em 06/07/1931.
TENHO MEDO (Rogério Guimarães) *samba-canção*. Gravado em 06/07/1931. (*RCA-Victor, 33.472*)

Novembro – NÃO DIGO PRA ONDE VOU! (João de Freitas Ferreira) *samba*. Gravado em 04/09/1931. Com CB e Jonjoca.
ABANDONADO! (João de Freitas Ferreira) *samba*. Gravado em 04/09/1931. Com CB, Jonjoca e Almirante. (*RCA-Victor, 33.481*)

Dezembro – FLOR DE ASFALTO (Orestes Barbosa e J. Thomaz) *fox-samba*. Gravado em 30/10/1931. (*RCA-Victor, 33.493*)

1932

Janeiro – NUNCA PENSEI (João de Freitas Ferreira) *samba*. Gravado em 16/12/1931. (*RCA-Victor*, 33.512)

– TEU CABELO NÃO NEGA (Irmãos Valença e Lamartine Babo) *marcha*. Gravado em 21/12/1931.
SARINHO, PASSARINHO (Lamartine Babo) *samba*. Gravado em 21/12/1931. (*RCA-Victor, 33.514*)

Fevereiro – VOCÊ ME ENLOUQUECE (Donaldson e Lamartine Babo) *fox-trot*. Gravado em 13/01/1932. Com CB e Sônia Barreto. (*RCA-Victor, 33.526*)

Março – NÃO POSSO ACREDITAR (Ary Barroso e Claudemiro da Silveira) *samba*. Gravado em 08/03/1932. Com CB e Jonjoca.
AULA DE MÚSICA (Ary Barroso) *samba*. Gravado em 08/03/1932. Com CB e Jonjoca. (*RCA-Victor, 33.535*)

Maio – CHEGA (J. Nascimento) *samba-canção*. Gravado em 16/02/1932. (*RCA-Victor, 33.538*)

– PODE CHORAR (Buci Moreira) *samba*. Gravado em 12/04/1932. Com CB e Jonjoca.
ADEUS (Noel Rosa, Ismael Silva e Francisco Alves) *samba*. Gravado em 12/04/1932. Com CB e Jonjoca. (*RCA-Victor, 33.548*)

Junho – BOA-NOITE, QUERIDA (R. Noble e De Chocolat) *fox-trot*. Gravado em 10/05/1932. (*RCA-Victor, 33.563*)

– BONECA (Guilherme Pereira e Orestes Barbosa) *fox-canção*. Gravado em 10/05/1932. (*RCA-Victor, 33.566*)

– DELICIOSA* (George Gershwin e Valdo de Abreu) *fox-trot*. Gravado em 31/05/1932.
AO LUAR* (Luiz Americano e Sérgio Brito) *valsa*. Gravado em 31/05/1932. (*Parlophon, 13.422*)

Julho – MELODIA CUBANA* (Stothart, J. McHugh, Fields e João de Barro) *valsa-canção*. Gravado em 25/06/1932.
TENHO DOIS AMORES* (Vicente Scotto e Benoit Certain) *fox-trot*. Gravado em 25/06/1932. (*Parlophon, 13.423*)

– NÃO HÁ PRAZER* (Artur Costa e Nelson Brito) *samba*. Gravado em 13/06/1932. Com CB e Jonjoca.
PERDOA* (Jonjoca) *samba*. Gravado em 13/06/1932. Com CB e Jonjoca. (*Parlophon, 13.426*)

Agosto – AQUELES OLHOS VERDES* (N. Menendez e João de Barro) *rumba*. Gravado em 20/07/1932.
CANTIGA DE AMOR* (João de Barro) *valsa*. Gravado em 20/07/1932.(*Parlophon, 13.431*)

Setembro – O PREÇO DA FELICIDADE* (Josué de Barros) *samba*. Gravado em 13/08/1932. Com CB e Jonjoca.
QUERO SABER* (Jonjoca) *samba*. Gravado em 21/06/1932. Com CB e Jonjoca. (*Parlophon, 13.452*)

– DOR DE MALANDRO (Mário Travassos de Araújo) *samba*. Gravado em 14/10/1932.
QUESTÃO DE AMOR (J. Francisco de Freitas) *samba*. Gravado em 14/10/1932. (*Odeon, 10.947*)

1933

Janeiro – NÃO FAÇO QUESTÃO DE COR (J. Francisco de Freitas) *marcha*. Gravado em 08/11/1932.
GENTE LÁ EM CIMA (Murilo Caldas) *samba*. Gravado em 08/11/1932. (*Odeon, 10.954*)

* Os asteriscos indicam dez músicas originariamente gravadas para a Parlophon em 1932 e que foram relançadas em cinco discos pela Odeon entre março e julho de 1933 (Odeon, 10.980, 11.005, 11.006, 11.009 e 11.028).

	– ANATOMIA (Eduardo Souto e José Evangelista) *marcha*. Gravado em 20/12/1932. (*Odeon, 10.958*)
	– LALÁ (Castro Barbosa e Jonjoca) *marcha*. Gravado em 05/01/1933. Com CB e Jonjoca. DONA DO LUGAR (Ismael Silva e Francisco Alves) *samba*.Gravado em 23/12/1932. Com CB e Jonjoca. (*Odeon, 10.966*)
	– NÃO SE FALE MAIS NISSO (Luiz Barbosa e Jonjoca) *marcha*. Gravado em 10/01/1933. Com CB e Jonjoca. SAUDADES (D. F. Silva "Caranova") *samba*. Gravado em 03/01/1933. Com CB e Jonjoca. (*Odeon, 10.967*)
Abril	– CANÇÃO AZUL (João de Barro) *fox-trot*. Gravado em 17/03/1933. UM TOSTÃOZINHO DE AMOR (J. Paiva e P. MacDowell) *fox-canção*. Gravado em 17/03/1933. (*Odeon, 10.990*)
Maio	– UMA PERGUNTA AO LUAR (Amirton Valim) *fox-blue*. Gravado em 23/03/1933. SONHO DOURADO (Amirton Valim e Josemar Valim) *valsa*. Gravado em 04/04/1933. (*Odeon, 10.998*)
Junho	– DEUS SABE O QUE FAZ (Ismael Silva) *samba*. Gravado em 16/05/1933. Com CB e Jonjoca. JÁ SEI QUE TENS NOVO AMOR (Carlos Martins) *samba*. Gravado em 17/05/1933. Com CB e Jonjoca. (*Odeon, 11.019*)
Julho	– CONVITE PARA O SAMBA (Walfrido Silva) *samba*. Gravado em 16/06/1933. (*Odeon, 11.035*)
Agosto	– FEITIO DE ORAÇÃO (Noel Rosa e Vadico) *samba*. Gravado em 07/07/1933. Com CB e Francisco Alves. DESACATO (Wilson Batista, P. Vieira e Murilo Caldas) *samba*. Gravado em 18/07/1933. Com CB, Francisco Alves e Murilo Caldas. (*Odeon, 11.042*)
Setembro	– AI, SE EU PUDESSE! (Glauco Viana) *fox-trot*. Gravado em 13/07/1933. OLGA (Romualdo Peixoto e Orestes Barbosa) *canção*. Gravado em 14/07/1933. (*Odeon, 11.053*)
Outubro	– FEITIÇO (José Maria de Abreu) *canção*. Gravado em 31/08/1933. JULIETA (Noel Rosa e E. Frazão) *fox-trot*. Gravado em 03/08/1933. (*Odeon, 11.063*)
Dezembro	– CRUZ DE CINZA (Castro Barbosa) *marcha*. Gravado em 04/11/1933. BRASIL AMADO (Fausto Paranhos) *samba*. Gravado em 04/11/1933. (*Odeon, 11.078*)

1934

Janeiro – CINCO PARTES PRINCIPAIS DO MUNDO (Benedito Lacerda e Gastão Viana) *samba*. Gravado em 28/11/1933. Com CB e Jonjoca. LOURA QUERIDINHA (Benedito Lacerda e Gastão Viana) *samba*.Gravado em 29/11/1933. Com CB e Jonjoca. (*Odeon, 11.085*)

– A LUA FOI-SE EMBORA *marcha*. (*Columbia, 22.261*)

Fevereiro – A MAIOR DESCOBERTA (Cândido das Neves) *marcha*. Gravado em 12/01/1934. Com CB e Almirante.
AI DE MIM (Alcebíades Barcelos e Leofontino S. Lins) *samba*. Gravado em 12/01/1934. Com CB e Almirante. (*RCA-Victor, 33.758*)

1935

Janeiro – CUIDADO! (Saint-Clair Sena e Ronaldo Lupo) *marcha*.
POR CAUSA DE TUA FANTASIA (Saint-Clair Sena e Ronaldo Lupo) *samba*. (*Columbia, 8.113*)

Fevereiro – DE QUEM SERÁ? (Getúlio Marinho e João Bastos Filho) *marcha*. Gravado em 04/12/1934.
EU TE VI, BEM-TE-VI (Fernando Castro Barbosa) *marcha*. Gravado em 04/12/1934. (*RCA-Victor, 33.899*)

Junho – VOU ESPALHANDO POR AÍ (Assis Valente) *marcha*. Gravado em 23/04/1934. Com CB e Carmen Miranda. (*RCA-Victor, 33.936*)

1936

Dezembro – ERRE, SE HÁ PROVEITO (José Maria de Abreu e Francisco Matoso) *marcha*. Gravado em 02/12/1936.
SEU PAI NÃO QUER (João da Baiana) *samba*. Gravado em 02/12/1936. (*RCA-Victor, 34.141*)

– LIG, LIG, LIG, LÉ (Paulo Barbosa e Oswaldo Santiago) *marcha*. Gravado em 26/11/1936.
MATA ESTA? (Paulo Barbosa e Floriano Ribeiro de Pinho) *marcha*. Gravado em 26/11/1936. (*RCA-Victor, 34.129*)

1937

Janeiro – CADÊ O PANDEIRO? (Walfrido Silva e Roberto Martins) *samba*. Gravado em 21/10/1936.
QUERO SER O TEU PIERRÔ (Walfrido Silva e Castro Barbosa) *marcha*. Gravado em 21/10/1936. (*Odeon, 11.425*)

– OH! SEU JOSÉ (Vicente Paiva, Cícero Nunes e Portelo Juno) *marcha*. Gravado em 19/12/1936.
TRISTE ALVORADA (Castro Barbosa) *samba*. Gravado em 19/12/1936. (*Odeon, 11.454*)

– EU E VOCÊ (Raul Marques e Ernani Silva) *samba*. Gravado em 21/12/1936. Com CB e Aracy de Almeida.
HELENA (Raul Marques e Ernani Silva) *samba*. Gravado em 21/12/1936. Com CB e Aracy de Almeida. (*RCA-Victor, 34.146*)

Fevereiro – HINO RUBRO-NEGRO (Paulo de Magalhães) *hino*. Gravado em 19/01/1937.
PIRANHA (Armando Fernandes) *marcha*. Gravado em 19/01/1937. (*RCA-Victor, 34.147*)

Junho – DONA FELICIDADE (Benedito Lacerda e Nestor Tangerini) *valsa*. Gravado em 19/04/1937. (*RCA-Victor, 34.170*)

Julho – TUDO QUE A BOCA NÃO DISSE (Castro Barbosa) *samba-canção*. Gravado em 13/04/1937. (*RCA-Victor, 34.182*)

Dezembro – PIROLI, PIROLI (Kid Pepe e Antônio Almeida) *tarantela*. Gravado em 09/08/1937.
DUAS CIGANAS (José Maria de Abreu e Francisco Matoso) *marcha*. Gravado em 09/08/1937. (*RCA-Victor, 34.255*)

1938

Janeiro – RODA DO SAMBA (Russo do Pandeiro, Alcides e Raul Marques) *samba*. Gravado em 29/12/1937.
A MULHER QUE EU MAIS AMEI (A. Nássara e E. Frazão) *marcha*. Gravado em 29/12/1937. (*RCA-Victor, 34.265*)

– GUARDA RUBRO-NEGRO (Naylor de Sá Rego) *marcha*. Gravado em 12/01/1938.
VOCÊ É DA ORGIA (C. Vasconcelos, Kid Pepe e J. Silva) *samba*. Gravado em 29/12/1937. (*RCA-Victor, 34.273*)

Fevereiro – É TRISTE A GENTE QUERER (Kid Pepe e Paquito) *samba*. Gravado em 29/12/1937.
BRANCO NÃO TEM CORAÇÃO (Paulo Barbosa e Oswaldo Santiago) *marcha*. (*RCA-Victor, 34.280*)

– BAIANINHA (Castro Barbosa) *maxixe*. Gravado em 09/02/1938.
AMOR, VEM RAIANDO A AURORA (Castro Barbosa) *samba*. Gravado em 09/02/1938. Com CB e Dircinha Batista. (*Columbia, 8.388*)

1939

Janeiro – ESTRADA DO PASSADO (Arlindo Marques Júnior e Gadé) *valsa*. Gravado em 09/12/1938.
MEU GRANDE AMOR (Amado Régis e Gadé) *fox-canção*. Gravado em 09/12/1938. (*Columbia, 55.004*)

Fevereiro – AMEI DEMAIS (Castro Barbosa) *samba*. Gravado em 12/01/1939.
QUANDO ALGUÉM ME PERGUNTA (Waldemar de Abreu "Dunga") *samba*. Gravado em 12/01/1939. (*Columbia, 55.015*)

Abril – MOMENTOS DE TRISTEZA (Herivelto Martins e Popeye do Pandeiro) *samba*.
IMAGEM PERDIDA (José Maria de Abreu e Saint-Clair Sena) *valsa*. (*Columbia, 55.045*)

Julho – MORREU A BATUCADA (Saint-Clair Sena) *samba*.
HAVAÍ (Saint-Clair Sena) *rumba*. (*Columbia, 55.071*)

Novembro – VOCÊ SE ARREPENDEU (Popeye do Pandeiro e Jaime Florence) *samba*. Gravado em 03/10/1939.
COMO A FAVELA MUDOU (Herivelto Martins e Rogério Nascimento) *samba*. Gravado em 26/09/1939. (*Columbia, 55.179*)

1940

Janeiro – A NOITE VEM APARECENDO (José Maria de Abreu, Francisco Santos e Barros Souza) *marcha-rancho*. Gravado em 15/12/1939.
OBRIGADO, AMOR! (Antônio Almeida e E. Frazão) *samba*. Gravado em 15/12/1939. (*Columbia, 55.201*)

Agosto – VOCÊ É O SUCESSO DA SEMANA (Roberto Roberti e Humberto Porto) *marcha*. Gravado em 17/07/1940.
TUDO TEM O BRASIL (Castro Barbosa, Dilermando Reis e Pedro Caetano) *samba*. Gravado em 17/07/1940. (*Columbia, 55.235*)

Dezembro – CASINHA BRANCA (André Filho e Arlindo Marques Júnior) *marcha*. Gravado em 11/11/1940.
NINGUÉM ME VÊ SORRIR (Alcebíades Barcelos e Armando Marçal) *samba*. Gravado em 11/11/1940. (*Columbia, 55.253*)

1941

Fevereiro – FOI O TEU OLHAR (Castro Barbosa e Waldemar de Abreu "Dunga") *marcha*. Gravado em 14/01/1941.
EU QUERIA UM ADEUS (Herivelto Martins e Príncipe Pretinho) *samba*. Gravado em 11/11/1940. (*Columbia, 55.264*)

Dezembro – QUEM RI NO FIM, RI MELHOR (Castro Barbosa e Horondino Silva) *samba*.
CAMÉLIA (Castro Barbosa e Benedito Lacerda) *marcha*. (*Columbia, 55.312*)

1942

Janeiro – PRAÇA ONZE (Herivelto Martins e Grande Otelo) *samba*. Gravado em 25/12/1941. (*Columbia, 55.319*)

– NÓS, OS CABELEIRAS (NOSSO CORDÃO) (Roberto Martins e Benedito Lacerda) *marcha*.
ESCRAVOS DE JÓ (Mot. popular; arranjo: João de Barro) *marcha*. (*Columbia, 55.323*)

– GALINHA DE CIRCO (Castro Barbosa) *marcha*. Gravado em 10/12/1941.
FAÇO E ACONTEÇO (Augusto Mesquita) *samba*. Gravado em 25/12/1941. (*Columbia, 55.326*)

Maio – SE A AMÉLIA PERDOASSE (Gomes Filho e Juraci Araújo) *samba*.
FESTA ILUMINADA (Gomes Filho) *canção*. (*Columbia, 55.339*)

Setembro – JOANINHA VAI CASAR (Mot. popular francês; arranjo: João de Barro e Alberto Ribeiro) *conga*.
COMO ERA VERDE O MEU VALE (Roberto Martins e Mário Rossi) *valsa*. (*Columbia, 55.366*)

Novembro – PARIS SORRIRÁ OUTRA VEZ (Paulo Barbosa e Oswaldo Santiago) *marcha*.
ASAS DO BRASIL (João de Barro e Alberto Ribeiro) *marcha*. (*Columbia, 55.382*)

1943

Janeiro – CHINA PAU * (João de Barro e Alberto Ribeiro) *marcha*. Gravado em 05/01/1943. Com CB e (não creditado) Lauro Borges.
HELENA VEM ME BUSCAR (João de Barro, Alberto Ribeiro e Alcir Pires Vermelho) *samba*. Gravado em 05/01/1943. (*Columbia, 55.400*)

Fevereiro – SALVE OS CASADOS (David Nasser e Haroldo Barbosa) *marcha*.
JULIETA (Castro Barbosa e Horondino Silva) *samba*. (*Columbia, 55.409*)

1944

Janeiro – VELHA CARMEN (Darci de Oliveira e Moisés Friedman) *marcha*. (*Continental, 15.117*)

– VEM MARIA (Alcir Pires Vermelho e Oswaldo Santiago) *marcha*.
FOI, É, SEMPRE SERÁ (Alberto Ribeiro e Roberto Roberti) *samba*. (*Continental, 15.119*)

1945

Fevereiro – CLÉLIA (Castro Barbosa) *samba*.
FREVO nº 1 (Adaptação: Almirante) *frevo*. Com CB e Déo (*Continental, 15.279*)

1946

Janeiro – OLHO DE MOSCOU (Oswaldo Santiago e Antônio Almeida) *marcha*.

ANDEI PARA TRÁS (Oswaldo Santiago e Paulo Barbosa) *samba*. (*Continental, 15.586*)

1948

Dezembro – DAGMAR (Paulo Barbosa e Otávio Filho) *samba*. Com CB e Lauro Borges. (*Star, 92*)

---

* O disco foi reeditado pela Continental em junho de 1944 (*Continental, 15.504*).

– TRÊS DIAS FELIZES (Castro Barbosa) *samba.*
BEDUÍNO (Pedro Caetano e Sá Roriz) *marcha.* (*Star, 96*)

– HELENA* (Castro Barbosa) *samba.*
ANTENOR (Max Nunes e Castro Barbosa) *samba.* (*Star, 102*)

1949

Junho – PAZ NO SAPATO DO MUNDO (Castro Barbosa) *marcha.*
TRÊS DE SETEMBRO (Valzinho e Ricardo Batista) *samba-canção.* (*Star, 153*)

1951

Janeiro – MINHA MEXICANA BACANA (Hervê Cordovil) *marcha.*
MINHA HOMENAGEM (Hervê Cordovil) *samba.* (*Carnaval, 030*)

Dezembro – SINOS DE BELÉM (Mot. popular; arranjo de Ewaldo Ruy) *canção.*
FIM DE ANO (Francisco Alves e David Nasser) *canção.* (*Carnaval, 050*)

1952

Dezembro – O TEU CABELO NÃO NEGA** (Irmãos Valença e Lamartine Babo) *marcha.* Gravado em 17/10/1952.
PRA ME ESQUECER (Augusto Mesquita e Jaime Florence) *samba.* Gravado em 17/10/1952. (*RCA-Victor, 80.1072*)

1954

Abril – É AMOR (Castro Barbosa) *samba.*
ADEUS... NUNCA (Castro Barbosa) *samba.* (*Copacabana, 5.289*)

---

* Não confundir com o samba homônimo, de autoria de Raul Marques e Ernani Silva, gravado por Castro Barbosa e Aracy de Almeida e lançado em janeiro de 1937 (*RCA-Victor, 34.146*)

** Anteriormente gravada por Castro Barbosa, sem o artigo "o" no título, em disco lançado em janeiro de 1932 (*RCA-Victor, 33. 514*).

LAURO BORGES

1940

Dezembro – VOVÔ NÃO GOSTAVA DE CARNAVAL (Cristóvão de Alencar e Eratóstenes Frazão) *marcha*. Gravado em 12/11/1940. Com LB e o Coro Infantil da Rádio Guanabara. (LB na voz de seu personagem "Manduca").
QUANTO SOMOS? (Arlindo Marques Jr. e Jorge Fáraj) *marcha*. Gravado em 12/11/1940. (*RCA-Victor, 34.693*)

1941

Julho – VIVA A FIA DO SEU CORONÉ (Haroldo Lobo e Cristóvão de Alencar) *marcha*. Gravado em 13/05/1941. (LB na voz de seu personagem "Nhô Neco")
AÍ, MOCINHO! (Haroldo Lobo e Cristóvão de Alencar) *marcha*. Gravado em 13/05/1941. (LB na voz de seu personagem "Manduca") (*RCA-Victor, 34.767*)

Dezembro – CASA DE MARIMBONDO (Cristóvão de Alencar e Laurentino Azevedo) *marcha*. Gravado em 09/10/1941. (LB na voz de seu personagem "Manduca")
COITADINHA DA MARIA (Paulo Barbosa e Cristóvão de Alencar) *marcha*. Gravado em 09/10/1941. (LB na voz de seu personagem "A Severíssima") (*RCA-Victor, 34.843*)

1942

Dezembro – ALTIVA AMÉRICA (Esdras Falcão e Humberto Teixeira) *samba*. Com LB e Ademilde Fonseca. (*Columbia, 55.389*)

1943

Janeiro – A VINGANÇA DA VOVÓ (Cristóvão de Alencar e Leonel Azevedo) *marcha*. Gravado em 18/11/1942. Com LB e o Coro Infantil da Rádio Guanabara. (LB na voz de seu personagem "Manduca")
BONDE DE CEROULA (Cristóvão de Alencar e Afonso Teixeira) *marcha*. Gravado em 18/11/1942. Com LB e o Coro Infantil da Rádio Guanabara. (LB na voz de seu personagem "Manduca") (*RCA-Victor, 80.0040*)

– CHINA PAU (João de Barro e Alberto Ribeiro) *marcha*. Gravado em 05/01/1943. Com Castro Barbosa e LB. (A participação de LB, não creditada no selo do disco, limita-se a um verso) (*Columbia, 55.400*)

1944

Janeiro – MARIA... DE NADA (Cristóvão de Alencar e Peterpan) *marcha*. Gravado em 19/11/1943. (LB na voz de seu personagem "Manduca")
PING-PONG (Cristóvão de Alencar e Paulo Barbosa) *marcha*. Gravado em 19/11/1943. (LB na voz de seu personagem "Yamagata") (*RCA-Victor, 80.0151*)

1948

Dezembro – OLÍVIA PALITO (J. Piedade e Fernando Martins) *marcha*.
DAGMAR (Paulo Barbosa e Otávio Filho) *samba*. (*Star, 92*)

1949

Dezembro – "BENÇA", PAPAI (Cristóvão de Alencar, Dunga e Frazão) *marcha*. (LB na voz de seu personagem "Manduca")
DONA BOA (Cristóvão de Alencar, Dunga e Frazão) *marcha*. (*Star, 170*)

Lauro Borges, assinando-se Laurentino Sáes, é também autor da música e letra da marcha de carnaval *Maria*, gravada em 8 de dezembro de 1936 por Sílvio Caldas, acompanhado pelo Grupo Odeon, e lançada em janeiro de 1937. (Odeon, 11.451-A)

FILMOGRAFIA

1939 **BANANA DA TERRA**

Direção: Ruy Costa
Produção: Wallace Downey.
Argumento e Roteiro: João de Barro e Mário Lago.
Fotografia: Edgar Brasil.
Cenografia: Ruy Costa e Eduardo Vieira.
Som: Charles Whally e Wallace Downey.
Elenco: Dircinha Batista (rainha da Bananolândia), Oscarito Brenier (conselheiro-mor), Aloísio de Oliveira, LAURO BORGES, Jorge Murad, Neyde Martins, Mário Silva, Paulo Netto, Linda Batista, Alvarenga e Bentinho, Carmen Miranda, CASTRO BARBOSA, Bando da Lua, Orlando Silva, Carlos Galhardo, Aurora Miranda, Almirante, Napoleão Tavares e sua orquestra, Moreira da Silva, Orquestra Romeu Silva.
Números Musicais: *A Jardineira*, de Benedito Lacerda e Humberto Pôrto (com Orlando Silva); *Eu Vou Pra Farra*, de João de Barro (com o Bando da Lua); *Mares da China*, de João de Barro e Alberto Ribeiro (com Carlos Galhardo); *Amei Demais*, de e com CASTRO BARBOSA; *Menina do Regimento*, de João de Barro e Alberto Ribeiro (com Aurora Miranda); *Não Sei Por Quê*, de João de Barro e Alcir Pires Vermelho (com o Bando da Lua); *O Que é Que a Baiana Tem?*, de Dorival Caymmi (com Carmen Miranda); *Pirulito,* de João de Barro e Alberto Ribeiro (com Carmen Miranda e Almirante); *Sei Que É Covardia, Mas...*, de Ataulfo Alves e Claudionor Cruz (com Carlos Galhardo); *Sem Banana,* de João de Barro e Alberto Ribeiro (com Carlos Galhardo); *A Tirolesa,* de Paulo Barbosa e Oswaldo Santiago (com Dircinha Batista).
Companhia Produtora: Sonofilmes.
Distribuição: Metro-Goldwin-Mayer.
Estreia: 10 de fevereiro de 1939.
Último filme de Carmen Miranda no Brasil, antes de emigrar para os EUA.

1940 LARANJA DA CHINA

Direção, Argumento e Roteiro: Ruy Costa.
Produção: Wallace Downey e Alberto Byington Júnior.
Fotografia: Moacyr Fenelon.
Som: Moacyr Fenelon e A. Fagundes Machado.
Elenco: Barbosa Júnior (Ferdinando Flores), Nair Alves (Perpétua), Dircinha Batista (Camélia), Paulo Netto (chefe da Liga Contra a Malandragem), *LAURO BORGES* (Professor Von Salsich), Arnaldo Amaral (Arnaldo), Grande Otelo (Boneco de Piche), César Ladeira, Francisco Moreno, Edmundo Maia, Cora Costa, Carmen Miranda, Orlando Silva, Francisco Alves, Pedro Vargas, Virgínia Lane, Alvarenga e Ranchinho, Irmãs Pagãs, Milton Paz, Joel e Gaúcho, Marilú, Manezinho Araújo, Paulo Murilo, Benedito Lacerda e seu Regional, artistas do Cassino da Urca.
Números Musicais: *Brasil* (versão em espanhol de *Aquarela do Brasil*), de Ary Barroso (com Pedro Vargas); *Cai, Cai,* de Roberto Martins (com Virgínia Lane); *A Dama das Camélias*, de João de Barro e Alcir Pires Vermelho (com Francisco Alves); *Despedida de Mangueira*, de Aldo Cabral e Benedito Lacerda (com Francisco Alves); *Ferdinando*, de e com Alvarenga e Ranchinho; *Lua-de-Mel*, de Alberto Ribeiro e Alcir Pires Vermelho (com Arnaldo Amaral e Dircinha Batista); *Maria Bonita*, de Apolo Correia e Emil Gianordoli (com Grande Otelo); *Ninguém Deve Duvidar*, de Arlindo Marques Júnior e J. Piedade (com Arnaldo Amaral); *Quando Violeta se Casou*, de João de Barro, Alberto Ribeiro e Alcir Pires Vermelho (com Dircinha Batista); *Solteiro é Melhor*, de Felisberto Silva e Rubens Soares (com Francisco Alves); *Vírgula*, de Erastóstenes Frazão e Alberto Ribeiro (com as Irmãs Pagãs e Nílton Paz); *Malmequer*, de Newton Teixeira e Cristóvão de Alencar (com Orlando Silva); *O Que é Que a Baiana Tem?*, de Dorival Caymmi (com Carmen Miranda).
Companhia Produtora: Sonofilmes.
Distribuição: Distribuidora Nacional S.A.
Estreia: 12 de janeiro de 1940.
O número de Carmen Miranda, *O Que é Que a Baiana Tem?*, é uma repetição: já constava de *Banana da Terra*.
Castro Barbosa não participou deste filme.

1944 ABACAXI AZUL

Direção: Wallace Downey e Ruy Costa.
Produção: Wallace Downey e Alberto Byington Júnior.
Argumento e Roteiro: Ruy Costa.
Fotografia: Afrodísio Pereira de Castro.
Câmera: Basílio Viana.
Som: Tommy Olenewa.
Elenco: Alvarenga e Ranchinho, Duarte de Morais, Solange França, Dercy Gonçalves, Sandraly, Eladyr Porto, Chocolate, Xerém, Juvenal Fontes, *LAURO BORGES*, *CASTRO BARBOSA*, Dalva Mira, Eunice Lopes, Dircinha Batista, Arnaldo Amaral, Enide Braga, Marilu Dantas, Arnaldo Estrela, Benedito Lacerda e seu Regional, Anjos do Inferno, Dilermando Reis e seu conjunto de violões, Lily Moreno, Dorival Caymmi, Napoleão Tavares e sua Orquestra "Soldados Musicais".
Números Musicais: *Luar de Paquetá*, de Freire Júnior e Hermes Fontes (com Arnaldo Amaral, Enide Braga e o Regional de Benedito Lacerda); *Antonico Ficou Rico*, de Antônio Almeida e Roberto Roberti (com os Anjos do Inferno); *O Despertar da Montanha*, de Eduardo Souto (com Dilermando Reis e seu conjunto de violões); *Idalécia*, de e com Alvarenga e Ranchinho; *Seu Onofre*, de João de Barro e Alberto Ribeiro (com Lily Moreno); *Oh, Suzana*, de João de Barro (com Xerém, Chocolate, Marilu Dantas e a orquestra de Napoleão Tavares); *Tic-Tic Dans le Fubê*, de e com *LAURO BORGES* (paródia de *Tico-Tico no Fubá*, de Zequinha de Abreu); *Vestido de Bolero*, de Dorival Caymmi (com os Anjos do Inferno); *Voltaremos a Viena*, de Paulo Barbosa e Oswaldo Santiago (com Dircinha Batista e a orquestra de Napoleão Tavares); *Acontece que Eu Sou Baiano,* de e com Dorival Caymmi.
Companhia Produtora: Sonofilmes.
Laboratório: Cinédia.
Distribuição: Distribuidora Nacional S.A.
Estreia: 27 de janeiro de 1944.

1948 FOLIAS CARIOCAS

Direção: Manuel F. Jorge e Hélio Tys.
Produção e Fotografia: John Reichenheim
Argumento e Roteiro: Celestino Silveira
Câmera: Antonio Medeiros
Elenco: *LAURO BORGES*, Silva Filho, Dercy Gonçalves, Gilberto Alves, Dircinha Batista, Nélson Gonçalves, Emilinha Borba, Jorge Veiga, Pedro Celestino, Manuel Barcellos, Aymée, Luz Del Fuego, Orlando Silva, Quatro Áses e um Coringa, Alvarenga e Ranchinho, Linda Batista, Ruy Rey e sua Orquestra, Dayse Lucidi, Del Carmen, César de Alencar, Moraes Cardoso, Osvaldo Elias, César Ladeira, Carlos Frias, Lenita Bruno, Zilah Fonseca.
Números Musicais: *Chiquita Bacana*, de João de Barro (com Emilinha Borba); *No Tabuleiro da Baiana*, de Ary Barroso; *A Mulata é a Tal*, de João de Barro e Antonio Almeida (com Ruy Rey e sua Orquestra); *Pode Ser, Morena*, de Dorival Caymmi; *Casinha Branca*, de Roberto Roberti e Arlindo Marques Jr. (com Dircinha Batista); *Terra Virgem*, de Vicente Celestino e Mário Rossi.
Companhia Produtora: Tapuia-Medeiros Films.
Distribuição: Programa Barone.
Castro Barbosa não participou deste filme.

ÍNDICE ONOMÁSTICO

2ª edição	janeiro de 2006
1ª reimpressão	julho de 2011
impressão	Sermograf
papel de miolo	offset 90g/m²
papel de capa	cartão Supremo 250g/m²
tipografias	Minion Pro e Schwere